In 80 Wundern durch ITALIEN

WHITE STAR VERLAG

Inhalt

TEXT
Fabrizia Villa

REDAKTIONELLE LEITUNG
Valeria Manferto De Fabianis

SCHLUSSREDAKTION
Laura Accomazzo
Giorgio Ferrero

GRAFISCHE GESTALTUNG
Maria Cucchi
Stefania Costanzo

Einleitung

„Das Staunen ist eine unvermittelte Überraschung der Seele, wenn sie etwas wahrnimmt, das einmalig und außergewöhnlich ist“, schrieb Descartes in seinem Aufsatz Über die Leidenschaften der Seele. *Auch Platon und Aristoteles hatten das Staunen bereits als Ursprung des Wissens bezeichnet. Und vielleicht ist es genau dieses Gefühl der entzückten Verwunderung über das Besondere, das seit Jahrhunderten seine Anziehungskraft auf die Italienreisenden ausübt. Die dort vorhandene Fülle an landschaftlicher, künstlerischer, archäologischer und architektonischer Schönheit ist so groß, dass die in diesem Buch vorgestellten 80 Wunder Italiens das gleiche Erstaunen und die gleiche Abenteuerlust vermitteln, wie Jules Vernes'* In 80 Tagen um die Welt. *Ein Mikrokosmos, den wir uns mithilfe des Leitfadens der Geschichte und der menschlichen Schicksale Italiens erschließen wollen. Zu diesem Zweck haben wir versucht, anhand der spezifischen Details jedes Ortes, jedes Kunstwerks und jedes Baus den Charme einzufangen, der jedes einzelne von ihnen zu einem von Menschenhand errichteten Wunderwerk macht. Wir begeben uns auf die Reise in ein einzigartiges Land, dem es gelungen ist, aus der Vielfalt eine Tugend zu machen: Dank der erst etwa 150-jährigen Geschichte seiner Einheit hat es die enorme Vielfalt seiner regionalen Besonderheiten bewahrt. Ein vielfältiges Erbe, reich an verschiedenen Dialekten, Gerichten, Traditionen und Baustilen, das Italien so unvergleichlich macht. So erstaunlich.*

Auf der Grundlage des römischen Imperiums, das von hier aus die westliche Zivilisation verbreitete, sammelte Italien das größte kulturelle Erbe der Welt an, zu dem heute 3400 Museen, 40 von der UNESCO geschützte Orte und circa 2100 archäologische Stätten und Parks zählen. Unter all diesen Wunderwerken 80 auszuwählen ist uns nicht leichtgefallen. Daher haben wir ein „imaginäres Museum“ ersonnen, anhand dessen sich alle Eigenschaften Italiens darstellen ließen. Ein virtuelles Puzzle, das quer durch verschiedene Epochen hindurch die wahre Identität des Landes zusammensetzt und die Verbindung zwischen Antike und Moderne, Natur und Architektur, Sprache und Kunst zum Ausdruck bringt.

Die italienische Malerei wird in ihrer Entwicklung von den Grabmalereien in Tarquinia und den beeindruckenden Wandgemälden Pompejis über Giottos Fresken bis hin zu den Werken Michelangelos und Raffaels gezeigt. Neben magischen Orten der Antike, wie dem Tempelhügel von Agrigent und der Hadriansvilla in Tivoli, haben wir die Bildhauerei unter die Lupe genommen. In der Toskana, wo die Architektur beeindruckende Kathedralen hervorbrachte, befinden sich mit dem David *von Donatello und der gleichnamigen Skulptur von Michelangelo außerdem zwei der wichtigsten Renaissance-Kunstwerke überhaupt. Letzterem folgen wir dann in die Sixtinische Kapelle und in den Petersdom, nur einige Schritte von den Vatikanischen Museen entfernt, in denen die Stanzen des Raffael zu den größten Sehenswürdigkeiten gehören. Hier kann man sich von dem*

Genie des Meisters beeindrucken lassen, ebenso wie in Mailand von dem Leonardo da Vincis. Schließlich haben wir uns noch auf die Spuren einiger Persönlichkeiten der italienischen Geschichte begeben, die sich das Staunen zur Lebensaufgabe gemacht hatten: die großen Mäzene der Kunstgeschichte, ohne die unser „imaginäres Museum" heute kaum zustande gekommen wäre. Der römische Kaiser Hadrian, Ludovico il Moro, Ercole I. d'Este, Federico da Montefeltro, Cosimo de' Medici, Federico Gonzaga, Scipione Borghese, Carlo di Borbone, Federico Borromeo, ganz zu schweigen von den Päpsten, von Julius II. bis zu Leo X. und Innozenz X.: Sie alle verewigten ihre Macht auch durch die Kunst und hinterließen somit in ganz Italien Schätze von unermesslichem Wert.
Heute wie damals sind die wundervollen Landschaften Italiens und seine perfekt in die reiche Natur integrierten kleinen Ortschaften eine Quelle der Inspiration. Oft braucht man nur wenige Kilometer zurückzulegen und befindet sich schon in einer ganz anderen Umgebung: Vom majestätischen und schwindelerregend schönen Panorama der Alpen und der Dolomiten über die norditalienischen Seen mit ihrer idyllischen Harmonie von Architektur und Landschaft bis zu den fruchtbaren Landwirtschaftsgebieten, wie den piemontesischen Langhe, dem Val d'Orcia oder den Crete Senesi in der Toskana – obwohl sie alle nicht weit voneinander entfernt liegen, sind sie doch völlig unterschiedlich. Und schließlich wäre da noch der urtümliche Charme der Inseln: etwas mondäner auf Capri und Ponza, etwas vulkanischer im sizilianischen Archipel der Äolischen Inseln. Das Staunen, diese unvermittelte Überraschung der Seele, von der Descartes sprach, wird uns auch heute noch ergreifen an jenen magischen, von Menschenhand tief geprägten Orten wie den Sassi von Matera oder dem von Trulli und Olivenbäumen gesprenkelten Valle d'Itria.
Die italienische Reise ist nach wie vor eine Grand Tour für die Seele, ein offener Dialog mit jedem Stein, Monument, Kunstwerk, mit jeder Landschaft, damit wir uns mit unverändertem Staunen den Wunderwerken nähern können, die wie an keinem anderen Ort der Ursprung allen Wissens sind.

2-3 *Die majestätischen Dolomiten von Brenta werden von der UNESCO geschützt.*

4-5 *Die bunten Häuschen von Manarola in den Cinque Terre drängen sich um den kleinen Hafen.*

6-7 *Das Val d'Orcia im ersten Morgentau.*

9 *Die Krönung der Maria von Filippo Lippi schmückt die Apsis im Dom von Spoleto.*

10-11 *Eines der dionysischen Fresken in der Mysterienvilla in Pompeji.*

16-17 *Neben dem berühmten schiefen Turm steht der Dom von Pisa, das Meisterwerk der pisanischen Romanik sowie der Mittelpunkt der Piazza dei Miracoli.*

18-19 *Die Skulpturengruppe Apoll und Daphne von Gian Lorenzo Bernini ist in der Galleria Borghese in Rom zu sehen.*

▼ARCHITEKTUR

▼KUNST

Im Kapitel Kunst erfolgt die Anordnung der Stätten in chronologischer und nicht wie bei den anderen Kapiteln in geografischer Reihenfolge.

ARCHÄOLOGIE
1
2
3
4-7
8
9
10
11
12

1
2
3
4
5
6
7
8
9
10
11
12
13-14
15
16
17
18
19
20
21
22
23
24
LANDSCHAFTEN

Die Architektur der Emotionen

Ein Blick von außen kann oft hilfreich sein, um das Innenleben besser zu verstehen. So ist es zum Beispiel, wenn man sich den Film Der Bauch des Architekten *von Peter Greenaway anschaut, eine Hommage auf die Architektur der ewigen Stadt Rom, gegenüber der die Bedeutung jedes Einzelschicksals zu schrumpfen scheint. Ein Gefühl übrigens, das einen angesichts der antiken Bedeutungsschwere italienischer Städte häufig überkommt. Laut Le Corbusier, dem Vater der modernen Baukunst, ist „die Architektur ein unfassbares Wunder der Kunst, das große Emotionen hervorruft". Mit diesen beiden Grundwahrheiten vor Augen haben wir von Nord nach Süd eine planvolle Reise entlang der italienischen Sehenswürdigkeiten Italiens unternommen und uns von seinen berühmtesten Bauwerken verzaubern lassen: von den großen Kathedralen, Schlössern und Palazzi, den Plätzen und Brücken, die im Laufe der Jahrhunderte entstanden und sich mit der Geschichte und den Menschen ihrer Heimatorte wandelten. Während heute ein einzelner Architekt für einen Bau verantwortlich ist, war die Architektur der Vergangenheit meist ein kollektives Werk, an dem italienische Künstler jahrhundertelang arbeiteten. Und nicht nur sie. Man denke zum Beispiel an den Markusdom in Venedig, der im Laufe der Zeit mit wertvollen Kunstwerken aus Konstantinopel ausgeschmückt wurde. Oder die Kathedrale von Monreale, welche die Normannen als einen wahren Schmelztiegel der Architekturen errichteten. Der Petersdom war für ganze 120 Jahre eine Baustelle, der insgesamt sieben verschiedene Baumeister vorstanden. Es sind Namen, die jeder für sich schon einen bedeutenden Teil der italienischen Architekturgeschichte zwischen Renaissance und Barock ausmachen: von Bramante über Raffael und Michelangelo bis hin zu Bernini. Architektur und Kunst gingen damals Hand in Hand und befruchteten sich gegenseitig. So entstanden auch die Meisterwerke der romanischen und gotischen Architektur, die großen mittelalterlichen Kathedralen, an denen die besten Maler und Bildhauer der Zeit mitwirkten. Nicola Pisano und sein Sohn Giovanni beispielsweise waren zuerst beim Bau des Baptisteriums und des Doms in Pisa beschäftigt, arbeiteten anschließend an der Domkanzel von Siena und zogen danach weiter nach Perugia, wo sie den ältesten erhaltenen öffentlichen Brunnen schufen: die Fontana Maggiore mit ihren berühmten Flachreliefs. Einem Schüler Nicola Pisanos, Arnolfo di Cambio, sind einige weitere Meisterwerke der mittelalterlichen Architektur Italiens zu verdanken, darunter der Dom von Orvieto, an dessen Fassade im Laufe der Jahrhunderte über zwanzig Künstler arbeiteten. Die heutige gotische Form des Baus geht auf Lorenzo Maitani aus Siena zurück, der den Bau zum perfekten Umfeld für die im 15. Jahrhundert entstandenen Fresken von Beato Angelico und Luca Signorelli ausbaute. Mit dem Namen Arnolfo di Cambio ist aber vor allem die Baugeschichte des berühmten Florentiner Doms Santa Maria del Fiore verbunden. Der toskanische Bildhauer und Baumeister begann mit der Errichtung der Kathedrale, die später dann von Giotto fortgesetzt wurde, und machte sich besonders um die Errichtung des Glockenturms verdient, ein wahres Glanzstück der italienischen Architektur. An diesem Turm mit seinem malerischen Effekt bewährten sich die größten Bildhauer des 14. Jahrhunderts, allen voran Donatello. Und zu Beginn des 15. Jahrhunderts überraschte Santa Maria del Fiore die Welt mit Brunelleschis riesiger selbsttragender Kuppel. Diese rekordverdächtige Planungsleistung machte aus einem Baumeister einen Architekten. Es war ebenjener Brunelleschi, der zusammen mit Leon Battista Alberti die Geburt der Renaissance-Architektur einläutete, die über das ganze 15. und 16. Jahrhundert meisterhafte und beeindruckende Bauwerke in ganz Italien hervorbringen sollte. Dies ist auch dem Mäzenatentum mächtiger Familien zu verdanken, wie den Medici in Florenz, den Gonzaga in Mantua, den Este in Ferrara und den Visconti und Sforza in Mailand. Auf diese Weise entstand die Rolle des Künstlers oder Architekten, der für einen bestimmten Hof arbeitete. Nach der Rückkehr des Papstes aus Avignon entstand auch in Rom wieder ein solches Zentrum der Baukunst. Jede Stadt wurde in dieser Zeit bautechnisch revolutioniert, um die Größe ihrer Herrscher widerzuspiegeln. In Urbino beispielsweise ließ Federico da Montefeltro den Palast in Stadtform errichten, eine Utopie, die dank dreier Architekten Wirklichkeit wurde: Luciano Laurana, Maso di Bartolomeo und Francesco di Giorgio Martini. Biagio Rossetti wiederum setzte im Ferrara des 15. Jahrhunderts eine Vision von Ercole I. d'Este um und schuf so das erste große Beispiel moderner Stadtarchitektur. Die sogenannte Addizione Erculea verdoppelte auf einen Schlag die Größe Ferraras und versetzte sie vom Mittelalter in die Renaissance. Einem anderen Künstler, vielseitig talentiert wie zahlreiche andere Kunstschaffende der Renaissance, ist ein weiterer prachtvoller Bau zu verdanken, der zur Glorifizierung des Hofes von Mantua diente. Giulio Romano baute „keine Häuser für Menschen, sondern für Götter", weshalb Federico II. Gonzaga ihn mit der Umsetzung seines Traums beauftragte: So entstand der berühmte Palazzo Te, eine für den Müßiggang des Herzogs bestimmte Villa. Jedoch auch an bereits bebauten Orten hinterließ die Renaissance ihre Spuren. So zum Beispiel in Mailand, wo Francesco Sforza auf dem Fundament der mittelalterlichen Festung der Visconti ein Schloss errichtete, das seine Fassade der Stadt zuwandte. Zu diesem Umbau gehörte auch der von Filarete errichtete Eingangsturm, welcher von Francescos Söhnen Galeazzo Maria und Ludovico il Moro in Auftrag gegeben wurde. Die beiden verwandelten das Bauwerk endgültig in eine hochherrschaftliche Residenz, wobei sie von Künstlern wie Bramante und Leonardo da Vinci unterstützt wurden. Auch in Süditalien gab es bautechnische Veränderungen, wenn auch andere als im Norden. Unter der aragonesischen Herrschaft wurde in Neapel das Castel dell'Ovo zu einem königlichen Palast ausgeschmückt, seine Türme wurden abgesenkt und seine Verteidigungsanlagen erweitert. Mit den Bourbonen erreichte die Stadt dann den Höhepunkt ihres architektonischen Glanzes. Im 18. Jahrhundert erbaute der große Architekt Luigi Vanvitelli die Reggia di Caserta: dieses italienische Versailles gilt als das Hauptwerk dieses Vertreters des europäischen Klassizismus. Und wieder einmal bewahrheitet sich hier ein Ausspruch Le Corbusiers: „Die Konstruktion errichtet, aber die Architektur bewegt".*

Der Markusdom: ein Meisterwerk zwischen Orient und Okzident

Venedig

„Wie du mir, so ich dir", könnte man sagen, wenn man die Geschichte der vier wunderschönen Pferde der Quadriga vom Markusdom hört. 1798, im Jahr nach dem Fall Venedigs, ließ Napoleon die riesigen vergoldeten Bronzestatuen – das Emblem der venezianischen Basilika – nach Paris bringen. Erst 1815 kehrten sie wieder auf ihren altangestammten Platz an der dem Markusplatz zugewandten Fassade zurück. Manche sind der Meinung, dass die mit den Hufen scharrenden Pferde aus römisch-konstantinischer Zeit stammen, während andere ihren Ursprung sogar im Alten Griechenland wähnen. Nach Venedig kamen sie während des IV. Kreuzzuges, als Enrico Dandolo sie zusammen mit anderen Kunstgegenständen von unschätzbarem Wert als Kriegsbeute aus dem eroberten Konstantinopel mitbrachte. Wir befinden uns also im Jahr 1204, das auch für den Dom ein bedeutendes Jahr war. Erbaut wurde dieser bereits 828 zur Aufbewahrung der Reliquien des heiligen Markus, die man aus dem ägyptischen Alexandria entwendet hatte. Ab 1063 war das Bauwerk auf einem griechischen Kreuzgrundriss neu errichtet und mit fünf byzantinisch inspirierten Kuppeln versehen worden. Diese Anlehnung an die östliche Bauweise prägt die Architektur der Kirche. Die Kuppeln wurden noch weiter erhöht und mit Bleiplatten bedeckt, damit sie vom Meer aus gut sichtbar waren. Aber auch die gesamte Außenansicht erlebte eine grundlegende Veränderung. Die großen Bögen der Fassade wurden mit Marmor verkleidet, und aus dem Osten wurden Säulen, Kapitelle, Skulpturen und ganze Baukomplexe aus Marmor herbeigebracht, um mit ihnen die gesamte Backsteinfassade nach und nach vollständig zu bedecken. Dies war Venedigs Blütezeit und der Markusdom ist, ebenso wie der Dogenpalast, ein glänzendes Zeugnis dafür. Zur selben Zeit wurde der Innenraum des Doms mit unzähligen Goldgrundmosaiken geschmückt, welche der Architektur einen unvergleichlichen räumlichen Ausdruck verleihen. Die Motive der Mosaiken, Szenen aus dem Alten und dem Neuen Testament, bedecken über 8000 Quadratmeter der Wände, Decken und Kuppelinnenflächen: ein ikonografisches Programm, das den gesamten Dom von innen mit einem Goldschimmer überzieht und so eine optische Einheit und eine nahezu übernatürliche Atmosphäre schafft. Auch die Fußböden sind byzantinisch geprägt. Ein Teppich aus polychromem Marmor überzieht die 2099 Quadratmeter, auf denen im Vergleich zu den Wandmosaiken gedecktere Farben und geometrische Muster überwiegen.

22 Neben dem Markusdom erhebt sich mit einer Höhe von 99 Metern der Markusturm. Der heutige Bau ist die genaue Rekonstruktion des 1902 eingestürzten Originals. Von diesem Turm aus kann man ganz Venedig überblicken.

23 Der majestätische Markusdom spiegelt die Jahrhunderte der Macht und des Reichtums der Serenissima wider. Die Venezianer wirkten an der Ausschmückung des Bauwerks mit, indem sie aus allen Winkeln der Welt Kostbarkeiten zusammentrugen.

BENEDITUSQUIVENITINNOMINEDOMINI

24 *Die Mosaiken der Pfingstkuppel gehören zu den ältesten der Kuppeln des Markusdoms (12. Jahrhundert). Durch die dargestellten Lichtstrahlen wird die Ausschüttung des Heiligen Geistes über die Apostel versinnbildlicht.*

25 *Auf den Mosaiken im Atrium des Markusdoms sind die Ereignisse der Schöpfung dargestellt, darunter die Geschichte von Noah und der Sintflut, die man seitlich des Hauptportals bewundern kann.*

26-27 Bis 1850 war der Ponte di Rialto die einzige Brücke über den Canal Grande. Die aktuelle Steinbrücke wurde von Antonio Da Ponte geplant, der seinerzeit die Ausschreibung gewann, an welcher auch Palladio teilnahm.

27 Die Ca' d'Oro mit ihrer charakteristischen Fassade, in der sich gotische mit orientalisierenden Elementen verbinden, verdankt ihren Namen den einstigen Vergoldungen. Heute ist hier die Galleria Giorgio Franchetti zu Hause.

Die Verlockungen des Canal Grande

Venedig

An die Form des Canal Grande, die einem umgedrehten S ähnelt, wusste Venedig sich seit jeher anzupassen. Man siedelte sich an seinen Ufern an und befestigte den geschwungenen Wasserlauf. Der „Canalasso", wie ihn die Venezianer selbst nennen, teilt die Stadt in zwei Hälften, die wiederum jeweils aus drei Stadtvierteln bestehen. Die Viertel „de Citra" (links des Canal Grande) und die Viertel „de Ultra" (rechts davon) werden untereinander durch vier Brücken verbunden. Den altbekannten Brücken – Ponte degli Scalzi, Ponte dell'Accademia, Ponte di Rialto – gesellte sich 2008 der von dem spanischen Architekten Santiago Calatrava entworfene Ponte della Costituzione hinzu. Ursprünglich war die große Wasserstraße, die von dem Piazzale Roma bis ins Bacino di San Marco verläuft, so etwas wie Venedigs Hafen in Kanalform. Die Waren wurden hier direkt in die Magazine der reichen venezianischen Händler gebracht, bis man im Jahr 1591 den Ponte di Rialto in Stein neu errichtete. Bisher war die Brücke aus Holz gewesen und ließ sich für die Durchfahrt der Schiffe öffnen. Fortan wurde der Canal Grande zu einer reinen Prachtstraße. Zwischen dem 15. und dem 18. Jahrhundert entstanden am Ufer des Kanals über 170 Residenzen, die heute Zeugnis über die stilistische Entwicklung der venezianischen Architektur ablegen. Die Fassaden aus Gotik, Renaissance und Barock spiegeln sich entlang seiner 3,8 Kilometer im Wasser. Wer nach Ankunft auf dem Bahnhof Santa Lucia die Lagunenstadt betritt, kann nur in Erstaunen ausbrechen. Man steigt aus dem Zug und das Erste, was einem widerfährt, ist ein dreifacher Salto in die Vergangenheit. Zunächst erblickt man die Kuppel von San Simeone Piccolo, eine der wenigen direkt am Canal Grande gelegenen Kirchen. Vom Vaporetto bestaunt man dann die unglaubliche Aneinanderreihung der Adelspaläste, die sich im Wasser des Canal Grande spiegeln. Es beginnt mit dem byzantinisch geprägten Fondaco dei Turchi, wo heute das Naturgeschichtliche Museum untergebracht ist, dann folgen die Ca' Pesaro, heute ein Museum für zeitgenössische und orientalische Kunst, die Ca' d'Oro und der Palazzo Grassi mit der Sammlung Pinault für moderne Kunst. In der Ca' Rezzonico auf der anderen Seite des Kanals befindet sich das Museo del Settecento. Dann wären da noch der Palazzo Venier dei Leoni, Sitz der Sammlung Peggy Guggenheim, und die Punta della Dogana aus dem 17. Jahrhundert, die seit 2009 auch einen Teil der Sammlung Pinault beherbergt. Mit ihren spitz zulaufenden Kais trennt die Punta, hinter der die Kuppel der Basilika Santa Maria della Salute emporragt, den Canal Grande vom Canale della Giudecca. Auf der gegenüberliegenden Seite wiederum fließt das Wasser des „Canalasso" in den Bacino di San Marco.

Der Dogenpalast: zu Hause bei Venedigs Herrschern

Venedig

Mächtig auf Erden und mächtig auf See: Dieses Zeugnis für die Vorherrschaftsstellung der Serenissima legen Mars und Neptun ab. Die beiden von Sansovino in der zweiten Hälfte des 16. Jahrhunderts gefertigten Kolossalstatuen geben der Scala dei Giganti ihren Namen. Diese symbolträchtige Treppe befindet sich in dem Palast, der mehr als jeder andere Ort die Größe der Venezianischen Republik repräsentiert: der Dogenpalast, das beeindruckende gotische Bauwerk, das sich an exponierter Stelle am Markusplatz erhebt. Auf der obersten Stufe der imposanten Treppe empfing der ins Amt einzuführende Doge, die höchste Autorität der Republik, die venezianische Herrscherkrone Corno Ducale und leistete seinen Eid auf die Verfassung. Diese Zeremonie wurde von den großen Vedutenmalern der Stadt, allen voran Guardi und Canaletto, eindrucksvoll dargestellt. Die auf einer Loggia mit Kielbögen ruhende Fassade aus weißem und rosa Marmor, wie wir sie heute sehen, ist eine bearbeitete Fassung des ursprünglich als Festung geplanten Palastes. Der Bau wurde um 1340 begonnen, damit nicht mehr wie bis dahin nur 400 Personen, sondern ganze 1200 an der gesetzgebenden Versammlung, dem Maggior Consiglio, teilnehmen konnten. Der am Bacino di San Marco gelegene Flügel ist der älteste Teil des Bauwerks. Hier befindet sich auch der riesige Versammlungssaal, die Sala del Maggior Consiglio: In diesem 53 Meter langen und 24 Meter breiten Saal stimmte man seinerzeit über neue Gesetze ab und feierte Feste mit bis zu 3000 Gästen. Zudem kann man hier die großen Meisterwerke des Dogenpalastes bewundern: Tintorettos *Paradies*, das fast sieben Meter hoch ist, *Venedigs Triumph* von Veronese und über 77 Dogenporträts. Der Glanz Venedigs wirkt auch in den anderen monumentalen Institutionssälen und in den Räumlichkeiten des Dogen. Lediglich in den schrecklichen Verliesen, den Prigioni Nuove, ist davon nichts zu spüren. Sie sind über die berühmte Seufzerbrücke direkt mit der Sala del Magistrato alle Leggi und dem Gerichtssaal, der Sala della Quarantia Criminal im Hauptgeschoss des Dogenpalastes, verbunden. Nicht weniger bedeutend als die Innenräume sind die Skulpturen und Reliefs, die aus dem Dogenpalast eine Enzyklopädie der plastischen Künste machen. Sämtliche Säulenkapitelle im Außenbereich sind beispielsweise mit allegorischen und religiösen Motiven versehen, die von den Tugenden über die Darstellung der Monate, von den Sternzeichen bis zum Salomonischen Urteil reichen.

28 Die Ecken des Dogenpalastes sind mit Reliefs verziert, in Richtung des Ponte dei Sospiri befinden sich Darstellungen Noahs und andere alttestamentarische Szenen.

28-29 Der Markusplatz, das weltliche und religiöse Zentrum Venedigs, wird von dem emporstrebenden Glockenturm dominiert, zu dessen Füssen die Kuppeln des Markusdoms und die wundervolle gotische Fassade des Dogenpalastes aufragen.

30-31 *An den Wänden der Sala del Maggior Consiglio zeigt ein Gemälde von Francesco Bassano den Dogen, der von Papst Alexander III. ein Schwert empfängt, bevor er mit seiner Flotte gegen Barbarossa segelt.*

31 *Die Sala del Maggior Consiglio befindet sich in dem zum Bacino di San Marco hingewandten Teil des Palastes. Neben Veroneses Verherrlichung Venedigs und der Paradiesdarstellung Tintorettos kann man hier 77 Dogenporträts bewundern.*

Der Dom, der bis in den Himmel ragt

Mailand

Das Herz des Doms schlägt im gleichen Takt wie das der Stadt. Um dies zu spüren reicht es, auf das Dach des Bauwerks zu steigen, das Luchino Visconti mit einer emotionalen Szene in *Rocco und seine Brüder* verewigte. Dort kann man in 70 Meter Höhe, umgeben von Fialen, Pinakeln, Strebebögen und Heiligenstatuen, ganz Mailand mit dem Blick erfassen, die Stadt, deren Wachstum der Dom seit 1386 begleitet. Heute kann man neben dem Schloss, der Torre Velasca und dem Pirellone auch noch den Palazzo Lombardia und die für die Expo 2015 erbauten Wolkenkratzer von Porta Nuova und Repubblica-Garibaldi bewundern. Zur Vorbereitung eben dieses Events hat man um das Symbol Mailands die zigste Baustelle errichtet, um jede einzelne Fiale in ihrem besten Licht erstrahlen zu lassen. Die Fiale ist ein typisches Merkmal der gotischen Baukunst und findet im Mailänder Dom einen unbestreitbaren Höhepunkt. Ein wahrer Wald aus 135 dieser Türmchen erhebt sich auf dem Dach, jedes von ihnen etwa 17 Meter hoch und mit unzähligen Statuen verschiedenster Art und Größe geschmückt. Sie alle bestehen aus Candoglia-Marmor, den Gian Galeazzo Visconti der Veneranda Fabbrica für den Bau der Kathedrale zur Verfügung stellte, um das Bauwerk in ganz Europa als Symbol seiner edlen Herrschaft hervorzuheben. Für zwanzig Jahre kamen ausländische Ingenieure, Architekten, Bildhauer und Steinmetze nach Mailand, um die lokalen Baumeister und Handwerker mit ihren Kenntnissen der mittelgotischen Architektur zu unterstützen. Die Bildhauerei nahm sofort einen bedeutenden Platz ein und entwickelte sich in den nächsten sechs Jahrhunderten fortlaufend weiter. Ganze 3400 Statuen und 700 Figuren im Hochrelief schmücken Fassade, Dach, Fialen und Fensterrahmen. Ein ganzes Volk aus Heiligen und Propheten, deren Mittelpunkt die Madonnina verkörpert, die seit 1774 in 108 Meter Höhe auf der Hauptfiale des Doms steht. Der fünfschiffige Innenraum wird von 52 enormen Stützpfeilern gegliedert, welche das Deckengebälk und die riesigen Fenster tragen. 55 Meisterwerke der Glaserkunst begleiten die Gottesdienste und stellten somit einst eine wahre „Bibel für die Armen“ dar. Einen besonderen Blickpunkt bildet das zentral angeordnete Kirchenfenster der Apsis mit einer eindringlichen Darstellung der Apokalypse.

33 *Der Dom ist die einzige gotische Kathedrale mit einer so grossen Anzahl an Kuppeln. Sie erheben sich auf dem gesamten Tiburio, wo sie in Kronenform um die Hauptkuppel angeordnet sind, auf welcher die Madonnina steht.*

34-35 Die Fassade des Mailänder Doms erhielt ihre Form 1590 durch den Architekten Pellegrini und wurde im 17. Jahrhundert von Richini und Buzzi weiterbearbeitet. Ihr endgültiges Gesicht bekam sie erst im 19. Jahrhundert.

35 Die auch als Coro Jemale bezeichnete Krypta liess der Architekt Pellegrino Pellegrini unter dem Hauptaltar errichten. Sie besteht aus zwei konzentrischen Räumen, in deren Mitte der Altar für die Reliquien steht.

Alle Lebensabschnitte des Castello Sforzesco

MAILAND

Die Geschichte des Castello Sforzesco beginnt an ihrem Ende, also in den Jahren zwischen der Einheit Italiens und dem Beginn des 20. Jahrhunderts. Denn erst zu diesem Zeitpunkt erhielt die im 15. Jahrhundert von Francesco Sforza auf den Fundamenten eines Visconti-Bauwerks errichtete Festung ihren heutigen Namen und ihr gegenwärtiges Aussehen. Es war der Architekt Luca Beltrami, den man mit der Restaurierung des Gebäudekomplexes beauftragte und der so die Beziehung der Stadt zu ihrer Burg wiederherstellte. Man gab sie der Bevölkerung zurück, indem man Museen und Bibliotheken darin einrichtete, allen voran das Museo d'Arte Antica, in welchem man Michelangelos berühmte *Pietà Rondanini* bewundern kann. Die Blessuren, die Jahrhunderte wechselnder Herrschaft dem Bauwerk zugefügt hatten, wurden beseitigt. Der Höhepunkt der Sanierung war 1905 die Einweihung der Torre del Filarete, die 1521 komplett von einem Blitzeinschlag zerstört und seitdem nie wieder aufgebaut worden war. Den Eingangsturm ließ Francesco Sforza errichten, um damit die der Stadt zugewandte Fassade ein wenig freundlicher zu gestalten. Dies war ein erster Schritt zum Umbau der Festung in eine herrschaftliche Residenz, in die sie sich ab 1466 durch seine beiden Söhne, Galeazzo Maria und Ludovico il Moro, verwandelte. Ersterem ist der Fürstenhof, der Corte Ducale, zu verdanken, der an die befestigte Anlage, die Rocchetta, angeschlossen ist. Geschmückt wird dieser Komplex von einem eleganten Renaissance-Portal und der Torre di Bona. Ludovico il Moro wiederum holte die bedeutendsten Künstler der Zeit nach Mailand: Bramante wird die Ponticella, eine kleine überdachte Brücke zur Überquerung des Außengrabens, zugeschrieben. Leonardo da Vinci schuf die unglaubliche Deckenausmalung in der Sala delle Asse. Und Bramantino wiederum malte den *Argos* in der *Sala del Tesoro*. Nach dem Sturz Ludovicos und zwanzig Jahren französischer Besatzung wurde die Herrschaft wieder an Francesco Sforza gegeben. Nach dem Tod dieses letzten Herzogs von Mailand sollte die Burg nie wieder ein Adelswohnsitz werden. Nun begann ein schwieriger Abschnitt für das Bauwerk, das bereits früher als die „Festung der Tyrannei" bekannt gewesen war. Es wurde zur Kaserne umfunktioniert und musste erst die spanischen, dann die französischen und zuletzt die österreichischen Truppen aufnehmen, bis es endlich 1848 im Mittelpunkt der „fünf Tage von Mailand" stand. Bald danach begann schließlich der ambitionierte Wiederaufbau durch Beltrami.

36 Die herrschaftliche Kapelle wurde von Galeazzo Maria errichtet und von Malern wie Bonifacio Bembo, Giacomino Vismara und Stefano de Fedeli ausgemalt. Hier versammelte sich einst ein Chor mit Sängern aus ganz Europa.

36-37 Die aktuelle Ansicht des Castello Sforzesco geht auf die städtebauliche Erneuerung zurück, die man nach der Einigung Italiens in Mailand durchführte. Die Restaurierungsarbeiten wurden ab 1893 von dem Architekten Luca Beltrami geleitet.

Der Palazzo Te und die Kunst des Müßiggangs

MANTUA

Im Mantua des 16. Jahrhunderts waren Klatsch und Tratsch eine durchaus ernste Angelegenheit, und dies umso mehr, wenn es sich um den Herzog drehte. Dieses Thema wurde sogar auf den Wänden seines Palastes behandelt. Die Fresken in der *Camera di Amore e Psiche* im Palazzo Te sind nichts anderes als eine metaphorische Darstellung der unglücklichen Liebe des Federico II. Gonzaga zu der schönen Isabella Boschetti. Der Urheber dieser Dekorationen, die sich an der Geschichte des Apuleius und anderen mythologischen Liebesgeschichten orientieren, ist Giulio Romano, der Lieblingsschüler Raffaels. Er war vom Herzog zum Bau eines Palastes „für die ehrliche Muße des Prinzen, in dessen Stille man wieder zu Kräften kommt", nach Mantua gerufen worden. Zunächst verlangte man von dem Maler und Architekten nur, die bereits vorhandenen Stallungen umzubauen und „den Ort etwas bequemer zu gestalten, um sich hin und wieder zum Mittag- oder Abendmahl oder zum Vergnügen dorthinzubegeben". Der Künstler schlug seinem Auftraggeber jedoch mit viel Enthusiasmus ein anderes Projekt vor, sodass der Herzog Gonzaga Giulio Romana doch einen etwas größeren Auftrag erteilte: Die Planung eines prächtigen Palastes, welcher das Meisterstück seines Architekten werden sollte. Das knapp außerhalb der Verteidigungsmauern der Stadt errichtete Bauwerk steht auf einem quadratischen Grundriss und verfügt über einen weitläufigen Innenhof, den Cortile d'Onore. Die Räumlichkeiten der Adligen befinden sich im Erdgeschoss. Bei der Außengestaltung des Palastes hält sich Giulio an die klassische Tradition, nähert jedoch den dorischen Stil der für den Manierismus typischen Fassadengestaltung mit Bossenwerk an. Besonders in den Fresken und im Stuck der Innenräume jedoch erreicht seine Arbeit wahre Meisterschaft. Die Säle des Palazzo Te sind mit mythologischen, biblischen und astrologischen Themen ausgemalt, in denen sich Raffaels Einfluss widerspiegelt. Ebenso erkennt man jedoch Giulios Inspiration an der Kunst Michelangelos, wie in der eindrucksvollen *Camera dei Giganti* deutlich zu sehen ist. Hier ist der Mythos um den Kampf der Titanen lückenlos auf Wänden und Deckengewölbe abgebildet, sodass sich der Betrachter als direkter Teilhaber am Geschehen fühlt. In der *Sala dei cavalli* wiederum ist die große Leidenschaft der Gonzaga verbildlicht und die Illusion setzt sich in der lebensgroßen Darstellung von Morel Favorito, Glorioso, Dario und Battaglia fort. Überall in diesem größten Saal des Palazzo Te scheinen die Lieblingspferde des Herzogs dem Betrachter mit den Augen zu folgen.

38 Der um den Cortile d'Onore herum errichtete Palazzo Te diente dem Vergnügen und der Sommerfrische der Herrscher von Mantua. Die Aussenmauern sind mit rustikalen Steinen verkleidet, wie es für den Manierismus typisch ist.

38-39 Die Camera dei Giganti mit den von Jupiter überraschten Titanen gilt als das Meisterwerk Giulio Romanos, der zwischen 1525 und 1535 im Auftrag von Federico II. Gonzaga den Palazzo Te erbaute und dekorierte.

40-41 *Die für Festbankette mit berühmten Gästen bestimmte Camera di Amore e Psiche ist die prächtigste im Palazzo Te. Inspiriert von Apuleius vermischt Giulio Romano hier bewusst Themen um Eros und Mythos.*

41 *An der Süd- und Westwand der Camera di Amore e Psiche zeigt Giulio Romano ein prunkvolles Festmahl für die Götter der Venusinsel, die hier mit der Isola del Te verglichen wird.*

Hotel Ferrara

Ercoles Mühen und andere Meisterwerke

FERRARA

Ein Stararchitekt ante litteram, so könnte man Biagio Rossetti bezeichnen. Dieser Baumeister verwirklichte im 15. Jahrhundert die Vision Ercole I. d'Este und schenkte uns so das erste Beispiel der modernen Stadtplanung. Die „Addizione Erculea", wie die gigantische Stadterweiterung bis heute genannt wird, verdoppelte die Größe der Stadt Ferrara in einem Zuge und verlieh ihr eine rechtwinklige Struktur aus exakten Kanten und geraden Linien. Das Bauprojekt erhob die Stadt aus dem Mittelalter – heute noch erkennbar im dem Gebiet südlich der Achse aus Viale Cavour und Corso Giovecca – in die Renaissance. Der neue Stadtteil befindet sich im Norden und wird durch gerade breite Straßen sowie neue Kirchen und Gebäude bestimmt. Zu diesen zählt auch der ebenfalls von Rossetti gebaute Palazzo dei Diamanti, der wegen seiner charakteristischen Außenverkleidung aus diamantförmigen Marmorblöcken so genannt wird. Seit 1992 finden hier bedeutende Kunstausstellungen statt, die Ferrara erneut zu einem kulturellen Zentrum Italiens gemacht haben, sodass die Stadt heute fast so etwas wie eine zweite Renaissance erlebt. Die neun Kilometer lange Befestigungsmauer der Stadt gehört zu den am besten erhaltenen in ganz Italien. Aber das Herz Ferraras ist nach der Stadterweiterung vor allem das Castello Estense. Die Burg ist auf einem quadratischen Grundriss gebaut, verfügt über vier Verteidigungstürme und wird von einem Wassergraben umgeben. Das 1385 zunächst zu Verteidigungszwecken errichtete Bauwerk wurde später umgebaut zum Herrschaftssitz von Ercole I. Ebenfalls im 15. Jahrhundert verband man die Festung mit dem Palazzo Municipale, der ersten Este-Residenz, vor welcher sich ein mächtiges Zeugnis der mittelalterlichen Baukunst Ferraras erhebt: Die Kathedrale San Giorgio, geweiht 1135, glänzt mit einer dreiteiligen Fassade, in der sich ebenso romanische und wie auch gotische Elemente finden. Der Glockenturm im Renaissance-Stil wurde in der Mitte des 15. Jahrhunderts von Leon Battista Alberti hinzugefügt. Auch der Palazzo Schifanoia fällt in die Herrschaftszeit der Familie Este. Sein Name, der übersetzt etwa „Vertreibe die Langeweile" bedeutet, verrät schon, dass es sich hierbei um einen Ort des Vergnügens und des Zeitvertreibs handelte. Der 1385 errichtete und 1493 von Biagio Rossetti umgebaute Palast verdankt seinen Ruhm vor allem einem berühmten Freskenzyklus mit den Darstellungen der Monate. Für dieses Meisterwerk ließ Borso d'Este die besten Künstler Ferraras gesammelt antreten, unter ihnen Francesco del Cossa und Ercole de' Roberti.

42-43 *Das 1385 errichtete Castello Estense wurde im 15. Jahrhundert umgebaut, als man es von einer militärischen Festung in den Herrschaftssitz von Herzog Ercole I. d'Este verwandelte. Hierfür wurde der Gebäudekomplex zwischen der Torre Marchesana und der Torre dei Leoni in der Grösse verdoppelt.*

43 *Die dreiteilige Fassade des ab 1135 errichteten Doms von Ferrara beinhaltet romanische und gotische Elemente. An der Seite der Kirche liegt die Loggia dei Merciai, wo sich seit dem Mittelalter Geschäfte und Handwerksbetriebe niedergelassen haben.*

44 Der Triumph der Minerva ist eine der von Francesco del Cossa an die Ostwand des Salone dei Mesi im Palazzo Schifanoia gemalten Szenen. Borso d'Este beauftragte ihn, um mit diesen Darstellungen seine Macht zu verherrlichen.

45 Der Monat April auf der Ostwand wird von Francesco del Cossa als Triumph der Venus dargestellt. Das ikonografische Programm wurde von dem Astrologen und Hofbibliothekar Pellegrino Prisciano ausgearbeitet.

Das Mittelalter tritt auf den Plan

PARMA

Hebt man den Blick zur Kuppel über dem Chor der Kathedrale Santa Maria Assunta in Parma, entsteht der verwirrenden Eindruck, als würde man in die Höhe steigen. Die zwischen 1526 und 1530 entstandenen Fresken von Antonio Allegri, auch als Correggio bekannt, zeigen die *Himmelfahrt Mariens*, welche den Betrachter förmlich dem göttlichen Licht entgegenzieht. Die heilige Jungfrau steigt in einem Wolkenstrudel in den Himmel auf, umgeben von Heiligen, Engeln und Musikern. Eingehüllt in blendendes Licht nimmt ihr Sohn sie oben in Empfang. Diese schwindelerregende Himmelfahrt ist jedoch nicht das Herzstück des beeindruckenden Bauwerks, das als eines der bedeutendsten Zeugnisse der padanischen Romanik gilt und den Mittelpunkt des Domplatzes bildet, um den sich einst die mittelalterliche Stadt gruppierte. Der erste Rang wird Correggios Fresko von einem Hochrelief des Benedetto Antelami abgelaufen, das sich an der Wand des rechten Querschiffes befindet und die *Grablegung Christi* darstellt. Die um 1178 (etwa zwanzig Jahre vor dem Bau des Baptisteriums) entstandene Grablegung bezeichnet den ersten Schritt zum gotisch geprägten Geschmack des Künstlers und die erste Abkehr von der strengen Nüchternheit der lombardisch-emilianischen Romanik. In der roten Marmorplatte finden sich bereits alle figurativen Elemente, die Antelami später auch beim Bau des Baptisteriums einsetzte, als dessen Architekt und Bildhauer er verantwortlich zeichnet. Zur Dekoration des auf achteckigem Grundriss errichteten Bauwerks bezog er sich zwar auf die romanische Tradition, ebenso jedoch auf die byzantinische und vor allem auf die französische Gotik. Die Ausrichtung in die Höhe und die von drei Portalen bestimmte Gliederung des Baus sind eindeutig gotisch. Die Portale sind mit Architraven und gemeißelten Lünetten geschmückt, welche die Rettung der Menschheit durch die Taufe versinnbildlichen. Im Innenraum wiederum sind in den Bildfeldern biblische Episoden dargestellt. Den Höhepunkt der plastischen Kunst seiner Zeit erreicht Antelami mit seinem Zyklus der Jahreszeiten, der Monate und ihrer jeweiligen Sternzeichen: ein Kalender aus allegorischen Skulpturen, der eine perfekte Synthese der klassischen und gotischen Einflüsse des Künstlers offenbart.

46 Die 1059 ausserhalb der Stadtmauern auf einer frühchristlichen Basilika begonnene Kathedrale wurde 1106 durch Papst Pasquale II. geweiht, der im Gefolge von Matilde di Canossa nach Parma kam.

47 Der Domplatz, an welchen die Fassaden der Kathedrale Mariä Himmelfahrt, des Baptisteriums und des Palazzo Episcopale grenzen, ist das religiöse Zentrum Parmas, um welches sich die mittelalterliche Stadt gruppiert.

48 oben *Die Portallünetten im Inneren des Baptisteriums Antelami zeigen biblische Szenen, wie die Darstellung von Jesus im Tempel (Fotografie), die Flucht nach Ägypten oder den Harfe spielenden König David.*

48 unten *Das Deckenfresko des Baptisteriums ist in konzentrische Flächen geteilt. Die erste zeigt Szenen aus dem Leben Abrahams und die zweite aus dem Wirken Johannes des Täufers, während in der dritten die Propheten und in der vierten die Apostel dargestellt sind.*

49 *Der Innenraum des achteckigen Baptisteriums, von Benedetto Antelami zwischen 1196 und 1216 errichtet, wird von 16 Arkaden bestimmt, deren Nischen jeweils mit einer biblischen Szene ausgemalt sind.*

50-51 *Die beiden Türme von Bologna, die Torre degli Asinelli und die Torre della Garisenda, ragen neben den Kupferkuppeln der nahe gelegenen Kirche San Bartolomeo e Gaetano zwischen den Ziegeldächern aus dem Zentrum der in der Emilia Romagna gelegenen Stadt hervor.*

51 *Die Torre degli Asinelli wurde 1119 zum Ruhm der gleichnamigen Ghibellinen-Familie errichtet. 1684 stellte man die Treppe mit 498 Stufen fertig, über die man nach oben gelangt und das schönste Panorama über die Stadt geniessen kann.*

Die Stadt verneigt sich vor ihren Türmen

BOLOGNA

An ihnen kommt in Bologna niemand vorbei: die Türme Asinelli und Garisenda. Die strategisch an der antiken Via Emilia am alten Eingang in die Stadt platzierten Bauten der Piazza Ravegnana sind nicht nur für die Orientierung im Stadtzentrum ein wichtiger Anhaltspunkt, sondern auch für moderne Architekten. Es ist kein Zufall, dass der Japaner Kenzo Tange Ende der Sechzigerjahre mit seinen „Türmen" auf dem Messegelände Bolognas eine Hommage an die lokale Bautradition schuf. Die Torre degli Asinelli und die Torre della Garisenda – benannt nach den ghibellinischen Familien, die sie Anfang 1100 bauen ließen – waren im Mittelalter nur zwei von fast hundert Türmen, die in dieser Zeit die Skyline der Stadt prägten. Heute sind weniger als zwanzig von ihnen erhalten geblieben, die meisten befinden sich in einem schlechten Zustand. Zu den wenigen gut erhaltenen gehört der Asinelli-Turm mit seinen beeindruckenden 97 Metern. Um seine Spitze zu erreichen und den herrlichen Panoramablick über die Dächer der „roten Stadt" zu genießen, muss man einen hohen Preis zahlen: Eine enge Treppe mit ganzen 498 Stufen gilt es zu erklimmen! Zum kleineren, „nur" 48 Meter hohen Garisenda-Turm gibt es keinen Zutritt. Das Bauwerk beeindruckt vor allem durch seine Schieflage, mit der es sich über drei Meter gen Nordosten neigt. Diese dem nachgebenden Erdreich zuzuschreibende Charakteristik inspirierte den Dichter Dante Alighieri dazu, den Turm im XXXI. Gesang der Hölle seiner *Göttlichen Komödie* mit dem sich zu ihm herabbeugenden Riesen Antaios zu vergleichen. Im Auftrag des Virtuellen Theaters vom Palazzo Pepoli hat man die Türme in unserer Zeit in einem 3-D-Cartoon verewigt. Der Palazzo Pepoli ist ein Gebäude aus dem 18. Jahrhundert, in welchem seit 2012 das neue Geschichtsmuseum Bolognas untergebracht ist. Das Herz dieses von dem Architekten Mario Bellini geleiteten Restaurierungsprojektes ist natürlich ebenfalls ein Turm: Der sogenannte „Turm der Zeit" ist ein Bauwerk aus Glas und Stahl, das sich im Innenhof des Palazzos erhebt und die Säle und Stockwerke des Museums miteinander verbindet. Eine weitere Würdigung der beiden Wahrzeichen der Stadt.

52-53 UND 53 *DER NAME SANTA MARIA DEL FIORE SOLL MIT DER LILIE, DEM SYMBOL DER STADT, ZUSAMMENHÄNGEN. DIE ARBEITEN ZUM BAU DES DOMS BEGANNEN IM JAHR 1296 UND WURDEN ERST 1887 MIT DER FERTIGSTELLUNG DER FASSADE ABGESCHLOSSEN.*

Eine Kathedrale auf dem Gipfel der Architektur

Florenz

Die Stadt Florenz wollte hoch hinaus, als sie zunächst bei Giotto und dann bei Brunelleschi die Bauwerke in Auftrag gab, welche noch heute zu den größten architektonischen Meisterwerken der Toskana gehören: der Glockenturm und die Kuppel des Doms Santa Maria del Fiore, 85 beziehungsweise 116 Meter hoch. Beide Architekten nahmen sich ihrer Aufgabe voller Leidenschaft und Hingabe an. Giotto, der 1334 als Baumeister der Kathedrale in Arnolfo di Cambio in Erscheinung tritt, zeigte von Anfang an wenig Interesse an der Dombaustelle und konzentrierte sich ganz auf den Glockenturm. Allerdings konnte er nur den unteren Abschnitt fertigstellen. Nach seinem Tod im Jahr 1337 führt zunächst Andrea Pisano, der bereits die Bronzetüren des Baptisteriums angefertigt hatte, und nach ihm Francesco Talenti den Bau fort. Dabei bleiben sie aber Giottos Vision treu, die einem fast an Malerei erinnernden Ansatz folgt. Der Glockenturm ist mit weißem, rotem und grünem Marmor verkleidet und weist ein reiches Skulpturen- und Reliefprogramm auf, welches vom Fuß bis zur Spitze des Turms die Erlösung der Menschheit von der Erbsünde illustriert. Der Glockenturm wird für die bedeutendsten Bildhauer der Epoche zur Herausforderung, allen voran für Donatello, der 16 Statuen in Lebensgröße fertigt. Heute werden sie im Museo dell'Opera del Duomo, dem Dombaumuseum, verwahrt, welches demnächst seine neuen Räumlichkeiten im ehemaligen Teatro degli Intrepidi einweihen wird. Während der Bauarbeiten für das neue Museum wurde Ende 2012 eine kleine Kuppel von drei Metern Durchmesser entdeckt. Sie ist mit Ziegeln im Fischschuppenmuster gedeckt, genau in der von Brunelleschi für die Domkuppel verwendeten Technik. Dies war die größte Herausforderung für den Architekten, dem dank seines Studiums antiker Monumente das scheinbar Unmögliche gelingt. Brunelleschi stellt die ohne Stützen frei schwebende Kuppel mit einem Durchmesser von über 45 Metern zwischen 1418 und 1434 fertig und schafft damit eine der größten zu bemalenden Flächen überhaupt: 3600 Quadratmeter, die im 16. Jahrhundert von Vasari und Zuccari mit Fresken versehen werden. Mit der Domkuppel von Florenz setzt Brunelleschi neue Maßstäbe hinsichtlich architektonischer Planung und Umsetzung. Von nun an beginnt die Rolle des Architekten sich grundlegend zu ändern; er wird fortan mehr als ein einfacher Baumeister sein.

ECCE HOMO
I·N·R·I

54-55 Das Jüngste Gericht in der Domkuppel wurde von Giorgio Vasari und Federico Zuccari gemalt. Die Kuppel ist das Meisterwerk Brunelleschis: eine selbsttragende Konstruktion, doppelwandig, mit dazwischenliegendem Hohlraum.

Die Piazza della Signoria: Schauplatz der Geschichte

Florenz

Die Piazza della Signoria ist den Auseinandersetzungen zwischen Guelfen und Ghibellinen zu verdanken, den beiden politischen Lagern, die sich im Florenz des 13. Jahrhunderts ständig in den Haaren lagen. Der große unsymmetrische Platz entstand durch den Abriss von Häusern und Türmen ghibellinischer Familien, die man 1258 nach dem Sieg der Guelfen aus der Stadt vertrieb. Da diese Fläche jedoch als verflucht galt, wurde sie nicht neu bebaut, sondern verwandelte sich in den Platz, der sich schon bald zum Zentrum der weltlichen politischen Macht der Stadt entwickelte. Verflucht war die Piazza della Signoria sicherlich für den Prediger Girolamo Savonarola, der hier am 23. Mai 1498 als Ketzer aufgehängt und verbrannt wurde, nachdem man ihn eine kurze Zeit in der Torre di Arnolfo im Palazzo Vecchio gefangen gehalten hatte. Dieser symbolträchtige Turm der florentinischen Geschichte wurde 2012 wieder für Besucher geöffnet, wodurch ein neuer Aussichtspunkt auf die Stadt entstand, den man in 95 Metern Höhe über 218 Stufen erreicht. Die Architektur des Palastes ist Arnolfo di Cambio zu verdanken, der damit das toskanische Modell der großen öffentlichen Bauten des 14. Jahrhunderts schuf. Das als Sitz des Parlaments errichtete Gebäude aus rustikalem Bossenwerk beherbergte im 14. Jahrhundert die Regierung der Stadt. Danach wurde es als großherzoglicher Sitz der Medici-Familie genutzt, bis diese in den Palazzo Pitti umzog (daher auch seine Bezeichnung als Palazzo Vecchio – „alter Palast"). Es war Großherzog Cosimo de' Medici, der Vasari mit der Neuausstattung des Innenraums beauftragte. Der Künstler schuf hier unter anderem die Fresken in dem prachtvollen Saal der Fünfhundert, den Savonarola Ende des 15. Jahrhunderts als Tagungssaal für den Großen Rat hatte errichten lassen. In diesem Saal steht auch die Marmorskulptur *Genius des Sieges*, ein Meisterwerk Michelangelos, der mit Leonardo da Vinci an der heute leider verlorenen Ausmalung des Raums arbeitete. Und Buonarroti ist es auch, der die Besucher des Palazzo Vecchio mit der Kopie seines Davids in Empfang nimmt, welcher dort in Gesellschaft der *Herkules-Cacus-Gruppe* von Baccio Bandinelli steht. Ein wenig rechts davon kann man in der Loggia dei Lanzi mit dem *Perseus* von Benvenuto Cellini und Giambolognas *Raub der Sabinerinnen* noch weitere meisterhafte Skulpturen bewundern.

56 Rechts vom Palazzo Vecchio befindet sich der auch als „Il Biancone" bekannte Neptunbrunnen von Bartolomeo Ammannati. Wenige Meter daneben erinnert eine Marmorsäule an den als Ketzer verbrannten Savonarola.

57 Der 1299 erbaute Palazzo Vecchio ist seit jeher das weltliche Zentrum der Stadt. Nachdem hier der Sitz der Republik, die Residenz der Medici und in der Zeit, als Florenz Hauptstadt Italiens war, sogar das Parlament untergebracht war, befindet sich im dem Gebäude heute der Sitz der Kommunalregierung.

58-59 Der Hof des Palazzo Vecchio wurde 1565 mit Stuck und Malerei dekoriert. Anlässlich der Hochzeit von Francesco de' Medici und Johanna von Österreich wurden Ansichten von Städten des Habsburgerreichs hinzugefügt.

59 oben 54 Meter lang und 23 Meter breit: Der Salone dei Cinquecento wurde 1494 von Savonarola für die Mitglieder des Rates errichtet. Cosimo I. de' Medici liess den Saal dann von Vasari ausmalen.

59 unten Die zuvor als Loggia dell'Orcagna bekannte Loggia dei Lanzi verdankt ihren Namen den Landsknechten, die sich 1527 hier aufhielten. Seit dem 16. Jahrhundert werden hier Meisterwerke der florentinischen Bildhauerkunst ausgestellt.

60-61 *An den vier Ecken des Ponte Vecchio, der auf drei niedrigen Jochbögen errichtet wurde, befanden sich ursprünglich Zugangstürme. Von diesen ist jedoch nur die Torre dei Mannelli am Oltrarno-Ufer erhalten.*

Ein Blick von der Brücke

Florenz

Der erste Ansatz der Nouvelle Cuisine? Es ist wohl kaum bekannt, dass er auf dem Ponte Vecchio entstand und von keinem Geringeren als von Leonardo da Vinci ins Leben gerufen wurde. Denn genau auf dieser Brücke, die bis 1218 die einzige Verbindung über den Arno war, befand sich die Taverne zu den drei Schnecken, in der sich ein abgebrannter Leonardo als improvisierender Koch verdingte, bis man ihn wegen seiner für die damalige Zeit deutlich zu experimentellen Gerichte fortjagte. Das war 1473, und die Brücke war schon so, wie wir sie heute noch kennen: Die Rekonstruktion des Giotto-Schülers Taddeo Gaddi, denn 1345 war das Original von einer heftigen Überschwemmung zerstört worden. Der neue Bau stand auf drei tieferen und mächtigeren Bögen und erwies sich als standhafter gegen die Kraft des Wassers. Im Zweiten Weltkrieg wurde der Ponte Vecchio von den deutschen Truppen verschont, die durch die Zerstörung zweier mittelalterlicher Bauten lediglich den Zugang zur Brücke versperrten. 1966 hielt sie dann sogar dem gefährlichen Hochwasser des Arno stand, das ganz Florenz in die Knie zwang. Zu Leonardos Zeiten gab es allerdings den Corridoio Vasariano noch nicht, den Cosimo de' Medici in nur sechs Monaten von Giorgio Vasari errichten ließ. Er verbindet das politische Herz der Stadt, den Palazzo Vecchio, mit der Medici-Residenz im Palazzo Pitti und verläuft dabei knapp über den Geschäften des Ponte Vecchio. Heute sind auf der Brücke hauptsächlich Goldschmiedewerkstätten untergebracht, während zur Zeit ihrer Erbauung die Fleischer, Schlachter und Gemüsehändler ihre Läden auf der Brücke hatten. Erst 1593 wurden diese Betriebe wegen des von ihnen verbreiteten Gestanks in andere Gebiete verlegt und die Geschäfte an die schicklicheren Handwerker der Schmuckherstellung gegeben. Zu Ehren dieser Zunft wurde auf einer der beiden Panoramaterrassen in der Mitte der Brücke Benvenuto Cellini, dem größten Goldschmied von Florenz, ein Denkmal gesetzt. Seit über zwanzig Jahren ist die Umzäunung der Statue der Schauplatz einer von Verliebten gepflegten Tradition, die hier Vorhängeschlösser anbringen, um die Schlüssel dann in den Arno zu werfen: eine Liebeserklärung, die dadurch noch süßer wird, dass sie heute mit einer gesalzenen Geldstrafe belegt ist.

Ein Wunder aus Marmor

PISA

Auf der Piazza dei Miracoli stehen wahrscheinlich mehr Säulen als in der ganzen Toskana. Sie sind die Hauptdarstellerinnen auf dem Domplatz von Pisa, der erst 1910 von Gabriele D'Annunzio auf seinen heutigen Namen getauft wurde. Die Säulen sind das verbindende Element der vier Gebäude, die in ihrem strahlenden Weiß auf einem smaragdgrünen Rasen leuchten. Der Granit der Säulen, die doppelreihig das Hauptschiff der Kathedrale Santa Maria Assunta schmücken, stammt von Elba. Das Bauwerk, seines Zeichens das prächtigste Beispiel für die pisanische Romanik, wurde im Jahre 1118 geweiht. Zunächst wachte der Baumeister Boscheto über die Arbeiten am „schneeweißen Tempel", später dann wurde er durch Rainaldo abgelöst, dem die Verlängerung der Längsschiffe und die Fassade zu verdanken sind. Auch hier stehen die Säulen im Mittelpunkt, sie zieren in vier Reihen den oberen Abschnitt, der über den Blendarkaden des Eingangsbereiches ansetzt. Nachdem der Dom im Jahr 1152 fertiggestellt war, widmete man sich dem Baptisterium, das Johannes dem Täufer geweiht ist. Diese größte Taufkirche Italiens wurde von dem Architekten Diotisalvi mit einem Durchmesser angelegt, welcher genau der Fassadenbreite des Domes entspricht. Von ihm übernimmt das Baptisterium auch die Säulenarkaden aus weißem und grauem Marmor. Im Innenraum umgeben acht monolithische Säulen aus Elba und Sardinien das achteckige Taufbecken von Guido da Como und die Kanzel, ein gotisches Meisterwerk von Nicola Pisano. Unbekannt ist hingegen, wer der Architekt des berühmtesten Bauwerks am Platz war: des Glockenturms der Kathedrale, weltweit bekannt als der Schiefe Turm von Pisa. Der wie das Baptisterium auf rundem Grundriss errichtete Turm verdankt den Großteil seiner Bekanntheit seinem schiefen Stand. Von 1173 bis heute hat er sich um etwa 4,5 Meter zur Seite geneigt. Dank aufwendiger Restaurierungen, die 2001 nach zwölfjähriger Arbeit abgeschlossen wurden, konnte die Neigung um 40 Zentimeter reduziert werden. Seitdem ist es wieder möglich, die 249 Stufen bis zur Glockenkammer hinaufzusteigen. Der Weg führt dabei durch sechs mit Galerien versehene Stockwerke und vorbei an 180 Säulen. Von der Spitze des Turms genießt man einen herrlichen Blick über den Platz, der im Norden vom Camposanto begrenzt wird. Dieser imposante Kreuzgang entstand 1277, um in seinem Inneren die aus dem Heiligen Land mitgebrachte Erde aufzunehmen, in welche man die Sarkophage bettete, die einst um den Dom herum gruppiert waren. Was an dem monumentalen Friedhof jedoch am meisten beeindruckt, ist der unglaubliche Freskenzyklus von Francesco Traini und Bonamico Buffalmacco an den Wänden des Innenraums. Themen der Wandmalereien sind Allegorien des Lebens und des Todes, gefolgt von den Lebensgeschichten der Heiligen Pisas sowie Szenen aus dem Alten Testament. Die Fresken wurden Mitte des 15. Jahrhunderts von Benozzo Gozzoli vollendet.

62-63 *Der beeindruckende Komplex der Piazza dei Miracoli umfasst den Dom, das Baptisterium, den Camposanto sowie den berühmten schiefen Turm, dessen Bau man im Jahr 1173 begonnen hat. Später wurde er um drei Stockwerke erweitert.*

GRAND HOTEL

64 Das Baptisterium von Pisa ist mit seinen 55 Metern Höhe und seinem Umfang von 107 Metern das grösste in ganz Italien. Wie die vorher gebaute Kathedrale wird das Bauwerk von hellgrauen Marmorsäulen gesäumt.

65 Die Figur des Evangelisten Johannes im Apsismosaik des Doms ist das einzige Werk, dessen Zuschreibung an Cimabue durch sichere Dokumente belegt werden kann. Gleichzeitig handelt es sich um die letzte Arbeit des Künstlers.

66-67 Die Piazza del Campo wird im Südwesten durch den Palazzo Pubblico begrenzt, über dem sich die Torre del Mangia erhebt. Der Name des Turms geht auf seinen ersten Glöckner, Giovanni di Duccio, zurück, dessen Spitzname „Mangiaguadagni" – übersetzt etwa „Einkünftefresser" – lautete.

67 Im Jahre 1859 ersetzte man die Fonte Gaia, Jacopo della Quercias Meisterwerk aus dem 15. Jahrhundert, durch eine Kopie aus Carrara-Marmor, um das Original aus zerbrechlichem Siena-Marmor zu schützen.

Piazza del Campo: mit dem Palio im Herzen

SIENA

In Siena führen alle Straßen auf die Piazza del Campo. Dieser außergewöhnliche halbrunde Platz entstand genau an der Stelle, wo sich die drei Hügel Sienas treffen. Bis zum Ende des 13. Jahrhunderts war die große, an eine Muschelschale erinnernde Fläche mit dem Marktplatz verbunden. Dann jedoch wurde sie abgetrennt durch das imposante Gebäude des von der Regierung der Neun errichteten Palazzo Pubblico, das politische Herz der Stadtrepublik. Die oligarchische Guelfenregierung wollte ihre Versammlungen in einem „neutralen" Raum abhalten, der nicht mit religiösen Gebäuden in Verbindung stand. Diese „Neutralität" scheint den ganzen Platz zu beherrschen, auf dem seit Jahrhunderten die besonderen Feste der Stadt gefeiert werden. Allen voran natürlich die von Leidenschaft und Konkurrenzkampf geprägten Rennen der 17 Contrade, der Stadtviertel, in welche Siena seit 1729 eingeteilt ist. Die Piazza gehört keiner Contrada an, aber anlässlich des Palio kommen sie alle hier zusammen. Der Palio findet zweimal im Jahr statt, am 2. Juli und am 16. August, und verwandelt den Platz in die Bühne eines kollektiven Spektakels, zu dem sich 60.000 Menschen versammeln. Im Schatten der 88 Meter hohen Torre della Mangia, die sich links neben dem Rathaus erhebt, steigern sich die Emotionen in gerade mal 75 Sekunden ins Unermessliche. Diese Zeit reicht aus, um die Pferde drei Mal um die zu diesem Anlass mit einem speziellen Tuffbelag ausgelegten 339 Meter des Platzes jagen zu lassen. Einen schöneren Ort kann man sich für ein Pferderennen kaum vorstellen. Der Platz wird von beeindruckenden mittelalterlichen Palazzi gesäumt, die in architektonischer Harmonie mit ihrer Umgebung erbaut wurden. An seinem höchsten Punkt steht die bezaubernde Fonte Gaia, ein Nachbau des zwischen 1409 und 1419 von Jacopo della Quercia errichteten Brunnens. Die restaurierten Marmorsteine und Figuren des Originals aus dem 15. Jahrhundert kann man seit 2011 im Museumskomplex Santa Maria della Scala bewundern. Hier sind auch die Figuren eines Brunnens von Tito Sarrocchi aus dem Jahr 1869 zu sehen.

68 *Das berühmte Fresko mit der Darstellung der Eroberung des Schlosses Montemassi durch Guidoriccio da Fogliano befindet sich gegenüber der Maestà von Simone Martini in der Sala del Mappamondo.*

69 *In der Sala dei Nove des Palazzo Pubblico kann man das Fresko „Die Auswirkungen der guten Regierung in Stadt und Land" bewundern, das Teil eines Zyklus ist, der 1337 von der Republik bei Ambrogio Lorenzetti in Auftrag gegeben wurde.*

Ein Meisterwerk mit vielen Schöpfern

SIENA

Der Dom von Siena ist ein Gemeinschaftswerk, ein Monument, das so viele Seelen hat wie einst Künstler an seinem Bau und seiner Dekoration mitwirkten. Gebaut wurde die prächtige dreischiffige Kathedrale zwischen dem Ende des 12. und dem Beginn des 13. Jahrhunderts auf dem Hügel Santa Maria. Von hier aus überragt der romanisch-gotische Dom, eines der wichtigsten Zeugnisse der mittelalterlichen Architektur Italiens, die ganze Stadt. Keinesfalls darf man sich bei einer Betrachtung nur auf die Fassade beschränken, deren unterer Abschnitt von dem Bildhauer Giovanni Pisano gefertigt wurde, während der gotische Oberabschnitt auf Giovanni di Cecco zurückgeht. Denn auch der Innenraum, begonnen beim Fußboden, ist ein wahres Freudenfest der Künste. Der außergewöhnlichste Schatz der Kathedrale liegt tatsächlich unter den Füßen der Besucher und wird eingerahmt von dem schwarzen und weißen Marmor (den Farben des Wappens der Stadt), aus dem auch die Außenwände und der Glockenturm gefertigt sind. „Der schönste, größte und prächtigste, der jemals gefertigt wurde", schrieb Giorgio Vasari über den Fußboden. Seit dem 13. Jahrhundert arbeiteten etwa 40 Bildhauer an ihm. Bis auf Pinturicchio, der die Intarsien für die *Allegoria del Colle della Sapienza* fertigte, stammten sie alle aus Siena. Insgesamt sind es 56 Intarsienmotive, die diesen unglaublichen Marmorteppich bilden, 35 von ihnen gehen auf Domenico Beccafumi zurück. Normalerweise werden sie zum Schutz vor Abnutzung verdeckt, zum Palio dell'Assunta jedoch erstrahlen sie in ihrer ganzen Schönheit, wenn die siegreiche Contrada den Dom betritt, um zum Dank das Tedeum zu singen.

Im linken Seitenschiff befindet sich ein weiteres bedeutendes Werk von Pinturicchio: ein Freskenzyklus mit Darstellungen zum Leben von Papst Pius II., das der Künstler aus Perugia zwischen 1505 und 1507 für die Libreria Piccolomini ausführte. Das berühmteste Gemälde der Kathedrale befindet sich inzwischen nicht mehr dort: die *Maestà* von Duccio da Buoninsegna, die zwischen 1308 und 1311 für den Hauptaltar geschaffen wurde. 1878 brachte man sie ins Museo dell'Opera, das man im Ostflügel des sogenannten Neuen Doms einrichtete. Diese 1339 gebaute Erweiterung der Kirche stand seit 1357 leer, nachdem die Pest furchtbar in Siena gewütet hatte.

70 *Die sechseckige Domkuppel wird von Bündelpfeilern getragen, die jeweils von vergoldeten Statuen der sienesischen Heiligen, der heiligen Katharina und des heiligen Bernhard, sowie den vier Stadtpatronen Ansano, Savino, Crescenzio und Vittore, gekrönt werden.*

71 *Die Errichtung der Domfassade geht auf Giovanni Pisano zurück, der 1284 den unteren Teil fertigstellte, sowie auf Giovanni di Cecco, welcher, inspiriert durch den Dom von Orvieto, im Jahre 1376 den oberen Teil bearbeitete.*

72 An drei Wänden der Libreria Piccolomini ist die Lebensgeschichte von Enea Silvio Piccolomini dargestellt. Die von Pinturicchio gemalte Biografie behandelt das Leben des Papstes Pius II. von seiner Jugend bis zu seinem Tod.

73 Die drei Bogenweiten zur hinteren Wand des Baptisteriums von Siena wurden ab 1450 von dem auch als „Il Vecchietta" bekannten, sienesischen Künstler Lorenzo di Pietro mit zwölf Fresken zum Apostolischen Glaubensbekenntnis versehen.

Ein Palast in Form einer Stadt

URBINO

Ein großer Politiker und Humanist: Man braucht nur das Arbeitszimmer von Federico da Montefeltro im Hauptgeschoss des Herzogspalastes von Urbino zu betreten, um zu begreifen, was für ein Mann der aufgeklärteste Herrscher des 15. Jahrhunderts gewesen sein muss. Dann kann man sich auch vorstellen, mit welchem Geist eine der anspruchsvollsten Architekturen der italienischen Renaissance entstanden ist, jener „Palast in Form einer Stadt", der das Antlitz der Stadt in den Marken für immer verändern sollte. Der Raum, in dem Federico auch Gäste empfing, steht mit seinen beeindruckenden Intarsien für die grandiose Utopie des Herzogs, eine Verbindung seiner Hauptinteressen Astronomie, Musik, Kunst und Architektur. Helme und Rüstungen wechseln sich ab mit Büchern, Musikinstrumenten und wissenschaftlichen Geräten. Landschaftsbilder hängen neben Porträts des Kriegsherrn, Politikers und Humanisten. Darüber reihen sich Porträts berühmter Männer, 28 ideale Gesprächspartner aus jeder Epoche für Federico, gemalt auf Holz. Die Planung dieses „biografischen" Raums stammt von dem kroatischen Architekten Luciano Laurana, der zusammen mit Maso di Bartolomeo und Francesco di Giorgio aus Siena die Utopie des Herzogs Realität werden ließ. Auf Laurana geht auch der Ehrenhof zurück, der wegen seiner harmonischen Proportionen als ein großes Meisterwerk bezeichnete Mittelpunkt des Gebäudes. Durch originelle architektonische Lösungen breitet sich der Palast von hier in alle Richtungen aus. Besonders berühmt ist die als Facciata dei Torricini bekannte Fassade, die mit ihren spitzen Türmen schon von ferne erkennbar ist. Der Palast stellt heute auch die Säle der Nationalgalerie der Marken. Auch hier besteht ein ständiger Dialog zwischen dem Inhalt der Räume und der sie umgebenden Architektur. An diesem Ort, an dem die Kunst der Renaissance ihre höchste Stufe erreichte, kann man die wichtigsten Werke der mittelitalienischen Malerei dieser Epoche sehen: *Die Geißelung Christi* und *Die Madonna di Senigallia* von Piero della Francesca, *Das Abendmahl der Apostel* von Giusto di Gand, Paolo Uccellos *Wunder der entweihten Hostie* sowie *Die Stumme* von Raffael.

74 DER EHRENHOF IM HERZOGSPALAST WURDE ZWISCHEN 1466 UND 1472 VON DEM ARCHITEKTEN LUCIANO LAURANA ERRICHTET. SEINE AUSGEGLICHENE LEICHTIGKEIT MACHT IHN ZU EINEM DER VORZEIGEBEISPIELE DER RENAISSANCE-ARCHITEKTUR VON URBINO.

74-75 DAS AUF DEN HÜGELN DES VALLE DEL METAURO GELEGENE URBINO STELLT EINE DER GROSSEN UTOPIEN DES HUMANISMUS DES 15. JAHRHUNDERTS DAR: EINE IDEALSTADT, DEREN EINDRUCKSVOLLES SYMBOL DER HERZOGSPALAST DER MONTEFELTRO IST.

76 *Das Studierzimmer von Federico da Montefeltro liegt im Hauptgeschoss des Palastes und verherrlicht den Herrscher durch eine Porträtsammlung bedeutender Persönlichkeiten und durch die spektakulären perspektivischen Intarsien, die eine komplexe Symbolik aufweisen. Das Eichhörnchen mit der Nuss versinnbildlicht die Umsicht Federicos, mit der er für seine Untertanen sorgte.*

76-77 *Federico da Montefeltro soll die Madonna di Senigallia anlässlich der Hochzeit seiner Tochter Giovanna mit Giovanni della Rovere, dem Herrscher von Senigallia, bei Piero della Francesca in Auftrag gegeben haben.*

Die gute Stube von Umbrien

PERUGIA

Wie kann man es den Jugendlichen verübeln, dass sie gegen Abend die Treppen an der Außenseite des Doms San Lorenzo für sich in Beschlag nehmen und dabei manchmal die öffentliche Ordnung stören? Schließlich kann man von diesen Stufen einen der schönsten Ausblicke auf die Stadt genießen! Direkt vor einem breitet sich die bezaubernde mittelalterliche Piazza IV. Novembre aus, hinter der man den Blick bis zum Corso Vanucci, der guten Stube der Stadt, schweifen lassen kann. Wenige Schritte von der Treppe und der Fassade, die im unteren Abschnitt von weißen und rosa Marmorfliesen aus der Kathedrale von Arezzo bedeckt ist, erhebt sich der kreisrunde und mit vier Stufen versehene Sockel eines der bekanntesten Brunnen Italiens: die Fontana Maggiore. Erbaut wurde sie zwischen 1275 und 1278 von Nicola und Giovanni Pisano. An der architektonischen Umsetzung der Wasserleitungen vom Berg Pacciano war auch Fra Bevignate da Cingoli beteiligt. Der aus Assisi-Stein gefertigte Brunnen besteht aus zwei polygonal-konzentrischen Becken, die mit Flachreliefs geschmückt sind. Sie zeigen Motive der zwölf Monate und der sieben freien Künste. Überragt werden sie von einem Bronzebecken mit einer Gruppe Nymphen, aus welchem das Wasser hervortritt. Besonders beeindruckend ist diese Ansicht, wenn das Monument Anfang Juli effektvoll beleuchtet und wenige Meter entfernt die große Bühne für die Konzerte des Umbria Jazz Festivals aufgebaut wird. Dieses Event unterstreicht seit 1973 Perugias internationale Ausrichtung. Zu diesem Anlass füllt sich der Platz mit einer musikbegeisterten Menge, die sich vor der Kulisse des imponierenden, gegenüber von San Lorenzo gelegenen Palazzo dei Priori im Takt wiegt. Dieser imposante gotische Bau entstand zwischen 1293 und 1443 und beherbergt heute sowohl das Rathaus als auch das Umbrische Nationalmuseum, in dem sich die wichtigste Sammlung umbrischer Kunst des 18. und 19. Jahrhunderts befindet. Bei einer Besichtigung sollte man sich die Sala dei Notari nicht entgehen lassen. Der von acht Querbögen gegliederte Saal ist mit allegorischen, biblischen und mythologischen Freskenzyklen geschmückt. Ebenso lohnend ist ein Besuch der Sala Mercanzia und des Collegio del Cambio, das zum Ende des 15. Jahrhunderts von Perugino ausgemalt wurde.

78 Der Palazzo dei Priori, Sitz der Nationalgalerie von Umbrien und des Rathauses von Perugia, verdankt sein aktuelles Erscheinungsbild zahlreichen architektonischen Veränderungen, die seit dem 13. Jahrhundert vorgenommen wurden.

78-79 Das Herz der Piazza IV Novembre ist die Fontana Maggiore aus dem zweiten Jahrhundert, die zur Einweihung des neuen Aquädukts errichtet wurde, mit welchem man das Wasser vom Monte Pacciano in die Stadt leitete.

80 *Zwischen 1452 und 1457 wurde im Palazzo dei Priori das Collegio del Cambio, der Sitz der Geldwechsler-Vereinigung, eingerichtet. Mit der Dekoration des Saals beauftragte man Perugino.*

81 Gottvater mit Propheten und Sibyllen (rechts die Sibylle von Erythrai), Allegorien der Hoffnung, ist Teil des dekorativen Bildprogramms der Lünetten im Audienzsaal. Die Fresken malte Pietro Vannucci, auch bekannt als Perugino.

Ein Wunder der Gotik

ORVIETO

Der Legende nach soll die Entstehungsgeschichte eines der größten architektonischen Meisterwerke des späten Mittelalters mit Blut geschrieben worden sein: die des Doms von Orvieto. Tatsächlich war die von Papst Nikolaus IV. in Auftrag gegebene und ab 1290 errichtete Kathedrale zur Verwahrung des „Corporale" bestimmt, des Leinentuchs, das während des Wunders von Bolsena, als eine Hostie in den Händen eines Priesters zu bluten begann, mit Blut getränkt wurde. Der Geistliche hatte an der realen Existenz Christi während des Abendmahls gezweifelt. Die Reliquie wird noch heute in der Cappella del Corporale verwahrt, welche – ebenso wie die noch berühmtere Cappella di San Brizio – später in einem zwischen den Stützbögen geschaffenen Freiraum errichtet wurde. Der maßgebliche Baumeister des Doms war Lorenzo Maitani, der dem Bauwerk sein gotisches Gesicht verlieh. Ursprünglich handelte es sich um eine romanische Kirche, die möglicherweise auf Arnolfo di Cambio zurückgeht, dem besonders die dreigiebelige Fassade zu verdanken ist. Der Meister stattete sie selbst mit den Skulpturen im Flachrelief aus, welche im unteren Bereich zu sehen sind. Die Front der Kathedrale, eine harmonische Synthese architektonischer und dekorativer Elemente, kann mit Recht als Work in Progress bezeichnet werden. Erst am Ende des 18. Jahrhunderts wurden die beeindruckenden polychromen Mosaiken auf Goldgrund endgültig fertiggestellt. Einen deutlichen Kontrast stellen die streng schwarz-weiß gehaltenen Pilaster dar, welche – ebenso wie die seitlichen Außenmauern – von der Kombination aus Travertin und Basalt bestimmt werden. Reichlich Farbe findet man wiederum im Juwel des Doms, der dem Schutzheiligen von Orvieto geweihten Cappella di San Brizio. Zunächst war sie mit Fresken des Beato Angelico geschmückt, der von Benozzo Gozzoli unterstützt wurde. Beendet hat die Ausmalung schließlich Luca Signorelli mit einem herausragenden Zyklus über die Apokalypse und das Jüngste Gericht. Dieses Meisterwerk der Renaissancemalerei wurde zum Vorbild für das berühmteste Jüngste Gericht der Welt, nämlich der Darstellung in der Sixtinischen Kapelle, geschaffen von Michelangelo.

82 *Die Seiten des Doms, die noch heute unverändert dem Plan des ersten Architekten der Kathedrale entsprechen, werden von sechs kleinen Kapellen bestimmt, von denen die zwei weniger sichtbaren vom Querschiff gekreuzt werden.*

83 *Für den Bau des beeindruckenden romanisch-gotischen Doms von Orvieto wurden drei Jahrhunderte benötigt. Die dreigiebelige Fassade wird von polychromen Mosaiken mit Szenen aus dem Alten und dem Neuen Testament geschmückt.*

MARTIRVM CANDIDATVS EXERCITVS

84-85 DIE ZWISCHEN 1408 UND 1444 ERRICHTETE KAPELLE DES SAN BRIZIO VERDANKT IHREN NAMEN DEM HEILIGGESPROCHENEN BESCHÜTZER VON ORVIETO. ZUR UNTERSCHEIDUNG VON DER ÄLTEREN CAPPELLA DEL CORPORALE WIRD SIE AUCH ALS CAPPELLA NOVA BEZEICHNET.

85 DIE AUS BASALT UND TRAVERTIN GEFERTIGTEN PILASTER DES HAUPTSCHIFFES GREIFEN DIE MOTIVE DER AUSSENDEKORATION AUF. DER INNENRAUM DES DOMS GEHT AUF DAS 13. UND 14. JAHRHUNDERT ZURÜCK.

Der Petersdom: Sie nannten ihn „Baustelle“

Vatikanstadt, Rom

86-87 Der Petersdom steht auf den Resten des antiken Zirkus von Kaiser Nero, in dem der Apostel Petrus gekreuzigt und begraben worden sein soll. Zur Erinnerung an den Heiligen liess Konstantin im 3. Jahrhundert eine fünfschiffige Basilika auf dem Grab errichten.

Penelope und ihre nachts wieder aufgelöste Webarbeit ist nichts im Vergleich zu der Arbeit der Baumeister des Petersdoms, die für über 120 Jahre die dem ersten Apostel geweihte Kirche immer wieder neu erbauten und abrissen. Sie schrieben damit einige der wichtigsten Seiten in der Geschichte der italienischen Baukunst zwischen Renaissance und Barock. Die sieben Architekten der Dombaustelle bewirkten zahlreiche Änderungen der Baupläne und des Grundrisses (mal die griechische, mal die lateinische Form), Abrisse und Neubauten. Das alles ereignete sich unter der Herrschaft von rund zwanzig Päpsten: von Julius II., der 1506 Bramante mit dem Neubau auf der von Konstantin hinterlassenen Ruine beauftragte, bis zu Urban VIII., während dessen Pontifikats der Dom endlich geweiht wurde. Der erste Architekt, Bramante, hinterließ nur Bruchstücke einer Architektur. Bei seinem Tod 1514 standen von seinem geplanten Tempel über einem griechischen Kreuzgrundriss nicht mehr als vier gigantische Pfeiler und ebenso viele Bögen. Danach übernahm Raffael die Aufgabe. Der Künstler aus Urbino konnte den Grundriss gerade eben in ein lateinisches Kreuz umwandeln, als die Baustelle auch schon von Antonio da Sangallo übernommen wurde, dem die Erhöhung des Bodens auf 3,20 Meter zu verdanken ist. 1546 wurde durch Paul III. dann Michelangelo beauftragt, der nach dreißig Jahren wieder auf das griechische Kreuz Bramantes zurückgriff und die Kuppel entwarf. Allerdings konnte er nur noch den Sockel fertigstellen. Danach wurde Giacomo Della Porta und Domenico Fontana die Ehre zuteil, Buonarrotis Arbeit fortzusetzen und die Kuppel zu vollenden. Die letzte „Kehrtwende“ hat schließlich Carlo Maderno zu verantworten, der den Petersdom wieder auf ein lateinisches Kreuz stellte, wie es ihm das Konzil von Trient diktierte. Außerdem wurde unter seiner Leitung der Bau um zwei Joche erweitert, was sich jedoch als Nachteil erwies für die Kuppel, die von dem vorgelagerten Platz aus daraufhin weniger sichtbar war. Bernini versuchte schließlich, auf dem von ihm konzipierten Grundriss der großen Säulenhalle die Kuppel wieder dichter an den Betrachter heranzurücken.

88 Die Kuppeldekoration wurde zwischen 1603 und 1613 anhand von 65 Kartons des Malers Cavalier d'Arpino ausgeführt. Die Herrlichkeit Gottes verbreitet sich von ihrem Mittelpunkt über 96 in sechs konzentrischen Kreisen angeordneten Figuren.

89 Die von Michelangelo geplante Kuppel wurde 1590 von Giacomo della Porta fertiggestellt. Sie hat einen Innendurchmesser von 42,56 Metern und misst bis zum Kreuz auf ihrer Spitze 136,57 Meter.

Piazza Navona, ein barockes Schauspiel

ROM

Das schönste öffentliche Schwimmbad Roms? Das war für viele Jahrhunderte die barocke Piazza Navona. 1652 führte Papst Innozenz X. aus der Familie Pamphilj, Besitzer des nach wie vor schönsten Palazzo am Platz, die Tradition des „Lago di Piazza Navona" ein. Um den Bewohnern der Stadt in den heißen Sommertagen ein wenig Erfrischung zu verschaffen, verschloss man den zentralen Brunnenabfluss und ließ das Wasser den Platz überfluten. Die Piazza befindet sich an der Stelle, wo einst das antike Domitian-Stadion gestanden hatte, ein Ort der als *Agones* bezeichneten athletischen Spiele nach griechischem Vorbild, von denen auch die heutige Bezeichnung „Navona" herrührt. Auch die langgezogene rechteckige Form des Platzes geht auf die Arena zurück, welche in der römischen Kaiserzeit bis zu 33.000 Zuschauer aufnehmen konnte. Sie saßen auf den stufenartig ansteigenden Zuschauerrängen, an deren Stelle sich nun die heutige Bebauung erhebt. Innozenz X. ist auch Urheber der großen Umgestaltung des Platzes, mit welcher der Papst die Größe der Familie Pamphilj demonstrieren wollte. Zuerst entstand der elegante Palazzo Pamphilj, in welchem seit 1929 die brasilianische Botschaft residiert. Danach errichtete man die Brunnen, die über die Länge des Platzes verteilt sind: den Neptunbrunnen im Norden, die Fontana del Moro im Süden und den weltbekannten Vierströmebrunnen von Bernini in der Mitte des Platzes. Letzterer, 1651 eingeweiht und finanziert durch eine unmenschliche Brotsteuer, verkörpert die größten bis dahin bekannten Flüsse: die Donau, den Nil, den Ganges und den Rio de la Plata. Symbolisiert werden sie von vier jeweils fünf Meter hohen Steinriesen, auf Felsbrocken sitzend, aus deren Mitte sich der 16 Meter hohe Obelisk der Maxentiusvilla erhebt. Diesem Meisterwerk der Barockskulptur gegenüber liegt die Kirche Sant'Agnese in Agone, die zunächst von Girolamo Rainaldi geplant und schließlich durch Borromini vollendet wurde. Charakteristisch sind ihre konkave Fassade, die Zwillingstürme und ihre Kuppel. Über die Rivalität zwischen Borromini und Bernini entstanden im Laufe der Jahrhunderte unzählige Legenden, wie zum Beispiel die, dass die Statue des Nil verbundene Augen hätte, um den Anblick der Kirche nicht ertragen zu müssen. Tatsächlich aber entstand der Brunnen früher als die Kirche und die verbundenen Augen der Figur sind ein Hinweis darauf, dass die Quellen des Flusses zu dieser Zeit noch unentdeckt waren.

90 Die Fratzenköpfe zwischen den Delfinen der Fontana del Moro wurden von Giacomo della Porta ursprünglich für den Brunnen auf der Piazza del Popolo angefertigt. Erst 1823 liess Valadier sie auf die Piazza Navonabringen.

90-91 Die Piazza Navona ist der schönste Barockplatz Roms. Sie befindet sich auf dem antiken Stadion, das Kaiser Domitian für athletische Wettkämpfe errichten liess, und misst über 270 Meter in der Länge sowie 55 Meter in der Breite.

92 Der Neptunbrunnen steht am Nordende des Platzes und war früher auch als „Fontana dei Calderai“ bekannt, da in diesem Teil der Stadt die Zinkhandwerker arbeiteten.

93 Das Becken der Fontana del Moro wurde, wie auch das des Neptunbrunnens, von Giacomo della Porta errichtet. Der Name (Mohrenbrunnen) leitet sich von Berninis Skulpturengruppe her, die einen Äthiopier beim Kampf mit einem Delfin zeigt.

94-95 und 95 An dem von Nicola Salvi geplanten Trevi-Brunnen arbeiteten neun Bildhauer, darunter auch Filippo della Valle, der die Seitenfiguren schuf, sowie Pietro Bracci, auf den die Oceanus-Gruppe zurückgeh

Das Glück des Trevi-Brunnens

ROM

Die Popularität des Trevi-Brunnens? Unglaublich! Zumindest den Beträgen nach zu urteilen, die Jahr für Jahr aus seinem Wasser gefischt werden: Allein 2011 waren es rund 951.000 Euro. Seit Jahrhunderten beobachten Oceanus und die allegorischen Statuen der Gesundheit, der Fruchtbarkeit, des Überflusses und des Reichtums, wie die abergläubischen Besucher des Ortes Münzen in den Brunnen werfen. Das spektakuläre Zeugnis des römischen Barocks, das mit seinem reichen Figurenprogramm neben dem Palazzo Poli zu sehen ist, wurde von dem Architekten Nicola Salvi erbaut, dem Gewinner des 1732 von Papst Clemens XII. ausgerufenen Wettbewerbs zum Bau des Brunnens, an dem die bekanntesten zeitgenössischen Künstler teilnahmen. Aber die Geschichte des monumentalen Bauwerks hat einen noch älteren Ursprung. Bereits 1640 wurde Bernini durch Papst Urban VIII. mit der Umgestaltung des Platzes und dem Entwurf eines Brunnens beauftragt. Aber sein Beitrag beschränkte sich auf die Errichtung eines halbrunden Sockels. Berninis Thema hingegen – das Meer und das Acquedotto Vergine – blieb bestehen und wurde von Salvi übernommen. Heute noch wird der Brunnen mit Wasser aus diesem ältesten Aquädukt Roms gespeist, das als das einzige verbliebene der antiken Hauptstadt noch aktiv ist. Erbaut wurde es im Jahre 19 v. Chr. von Augustus' Schwiegersohn, dem Konsul Agrippa, um Wasser in das neu erschlossene Gebiet am Campo Marzio und in die dortigen Thermen zu leiten. Das Aquädukt war etwa zwanzig Kilometer lang und verlief fast vollständig unterirdisch. Wegen der Verschmutzung des Kanals und des Grundwassers leitet es heute nur noch Wasser zu einigen der bedeutendsten römischen Monumente, angefangen bei der Fontana dei Quattro Fiumi auf der Piazza Navona und dem Trevi-Brunnen. Letzterer diente Federico Fellini als Kulisse für die Schlüsselszene von *La Dolce Vita,* das berühmte Bad der Anita Ekberg. Auch bei dieser Gelegenheit brachte der Brunnen Glück: Der Film gewann einen Oscar, wie bereits 1954 der Film *Drei Münzen im Brunnen* von Jean Negulesco, der gleich zweimal ausgezeichnet wurde, nämlich für die beste Kamera und für den besten Titelsong.

Ein Palast der Rekorde für die Bourbonen

CASERTA

Ein Palast von der Schönheit Versailles und Schönbrunns, eine neue Heimat für den Sohn des spanischen Herrschers, der zum König von Neapel wurde: Das war der Auftrag, den Karl III. Luigi Vanvitelli erteilte. Der Bau des Palastes von Caserta begann 1752, dauerte weitaus länger als die geplanten zehn Jahre und verschlang eine Summe von über sechs Millionen Dukaten. Es war eine gigantische Baustelle mit 3000 Arbeitern, 300 Baumeistern sowie türkischen und christlichen Sklaven. Ebenso gigantisch sind die Ausmaße des Schlosses, das der nach Spanien zurückgerufene König seinem Sohn Ferdinand IV. überließ, dem König beider Sizilien und zukünftigen Gatten von Maria Karolina von Österreich. Die Königin war im Schloss Schönbrunn aufgewachsen, dem Caserta in seiner Pracht durchaus ebenbürtig ist. Der auf rechteckigem Grundriss errichtete Palast besteht aus verschiedenen Flügeln, die sich auf vier Atrien öffnen. Innen ist er komplett von einer Galerie durchzogen, die vom Haupteingang zum Park führt und einen perspektivischen Fernglas-Effekt erzeugt. Der Palast verfügt über mehr als 1000 Zimmer, die sich auf fünf Stockwerke verteilen und über 56 Treppen verbunden sind. Unter diesen befindet sich auch die beeindruckende Ehrentreppe, die in die Obergeschosse führt. Hier liegen die nach dem Vorbild von Versailles geplante Cappella Palatina sowie die Königsgemächer mit dem riesigen Thronsaal. In Maria Karolinas Baderäumen befindet sich etwas, das die Savoyer später als „unbekanntes Objekt in Gitarrenform" beschreiben sollten: das erste bekannte Bidet außerhalb Frankreichs. Im Westflügel überrascht auch das Hoftheater, eine Miniaturausgabe des San Carlo von Neapel. Hinter der Bühne öffnet sich ein Portal auf den königlichen Park. Diese von Vanvitello geplanten Gartenanlagen zeichnen sich durch ihre beeindruckenden Wasserwege aus, die von Fontänen, Becken und kleinen Wasserfällen durchzogen sind und sich aus dem imposanten Karolinischen Aquädukt speisen, ebenfalls ein Werk des Architekten. Dem englischen Botaniker Graefer und Luigis Sohn Carlo wiederum ist der prächtige englische Garten zu verdanken, in dem sich so bezaubernde Orte wie das „Bad der Venus", mit den nachgebauten Ruinen Pompejis, und ein verborgener Gewölbegang befinden, in welchem aus Pompeji stammende Statuen zu bewundern sind.

96 DIE FONTANA DI VENERE E ADONE BILDET DEN ABSCHLUSS DER MYTHOLOGISCH INSPIRIERTEN BRUNNENANLAGEN, DIE LUIGI VANVITELLI FÜR DEN KÖNIGLICHEN PARK DER REGGIA DI CASERTA SCHUF.

97 DER VON KARL III. IN AUFTRAG GEGEBENE PALAST WURDE VORNEHMLICH ALS SOMMERWOHNSITZ GENUTZT. FERDINAND II. ERKOR SIE SICH DANN ZUR RESIDENZ AUS, EBENSO WIE SPÄTER JOACHIM MURAT.

98-99 Der Marmor aus Atripalda, Dragoni und Vitulano macht aus der 600 Quadratmeter umfassenden und 42 Meter hohen Ehrentreppe eines der beeindruckendsten Bauelemente des Palastes.

99 Der Thronsaal ist der grösste Raum der königlichen Gemächer. Das 1844 von Gennaro Maldarelli gemalte Deckenfresko zeigt die Grundsteinlegung des Palastes.

100-101 *Das Castel dell'Ovo, die älteste Festung von Neapel, erhebt sich auf der Tuffsteininsel Megaride, auf der auch der kleine touristische Hafen Borgo Marinari liegt. Hier haben einige historische nautische Vereine Neapels ihren Sitz.*

101 *Die ersten Zeugnisse einer Befestigung auf der kleinen Insel Megaride stammen aus der Zeit der basilianischen Mönche. Die eigentliche Festung entstand mit den Normannen.*

Das Ei unter dem Vesuv

Neapel

Den Reichtum der Vielfalt, die Wichtigkeit des Dialogs: All das wollten die Normannen mit Sicherheit deutlich machen, als sie die Kathedrale von Monreale erbauten. Dieses beeindruckende Zeugnis der christlichen Architektur des Mittelalters ist ein wahrer Schmelztiegel der Kulturen und entstand im Jahre 1174 im Auftrag von Guglielmo II. d'Altavilla an den Hängen des Caputo, welcher Palermo und die Ebene Conca d'Oro überragt. Die Hauptfassade wird von zwei viereckigen Türmen eingefasst und ist im typisch normannischen Stil gehalten. Die äußeren Apsiden mit ihren verflochtenen polychromen Bögen zeugen von islamischen Einflüssen, während die prächtige Mosaikdekoration im Innenraum, die das Werk regionaler sowie venezianischer Meister ist, deutlich auf die byzantinische Tradition verweist. Es ist jedoch vorrangig das Innere der Kathedrale, das dem Besucher den Atem raubt. Die 6300 Quadratmeter bedeckenden Goldmosaike zeigen Szenen aus dem Alten und Neuen Testament und reichen von der Erschaffung der Welt bis zur Auferstehung Christi. Den Höhepunkt bildet in der Hauptapsis ein riesiger Christus als Weltenherrscher, der die Gläubigen in seiner Umarmung aufzunehmen scheint. An der Südseite der Kathedrale befinden sich die Reste des antiken Benediktinerklosters. Der große Kreuzgang auf quadratischem Grundriss ist mit seinen 208 reich verzierten Säulen ein weiteres Beispiel für die kosmopolitische Kunst der Normannen. Ihre Kapitelle sind verschiedenartig gestaltet und tragen Bögen, deren Form einen klar erkennbar arabischen Ursprung hat. Besondere Ein- und Ausblicke auf den Kreuzgang und seinen Garten, aber ebenso auf die Mosaikkunst, die äußeren Apsiden und den Golf von Palermo, bietet das neue Museo Diocesano di Monreale, das 2011 nach über 20 Jahren Planung eröffnet wurde. Dieser Zeitraum scheint eine Ewigkeit zu sein, bedenkt man, dass im 12. Jahrhundert gerade einmal elf Jahre Bauzeit für die Fertigstellung der kompletten Kathedrale benötigt wurden. Doch die Wartezeit wird heute mit einer dreistöckigen Ausstellung belohnt, die in den Räumlichkeiten des alten Seminars im Bischofspalast untergebracht ist. Hier wird auch der Schatz der größten Diözese Siziliens verwahrt, der reich ist an Kunstwerken und religiösen Artefakten aus den Jahren 200 bis 800.

102-103 Der Dom von Monreale ist das Meisterstück der normannischen Baukunst auf Sizilien. Hinter der spartanischen Fassade entdeckt man die schimmernden Mosaiken, die den ganzen Innenraum über dem Marmorsockel bedecken.

103 Ein Meisterwerk im Meisterwerk: Der kleine Bogengang des quadratischen Brunnens befindet sich in der Südwestecke des Kreuzgangs. Er betont die architektonische Ausgeglichenheit des Baus und seinen arabisch anmutenden Stil.

Die Perfektion der Unterschiedlichkeit

MONREALE

Den Reichtum der Vielfalt, die Wichtigkeit des Dialogs: All das wollten die Normannen mit Sicherheit deutlich machen, als sie die Kathedrale von Monreale erbauten. Dieses beeindruckende Zeugnis der christlichen Architektur des Mittelalters ist ein wahrer Schmelztiegel der Kulturen und entstand im Jahre 1174 im Auftrag von Guglielmo II. d'Altavilla an den Hängen des Caputo, welcher Palermo und die Ebene Conca d'Oro überragt. Die Hauptfassade wird von zwei viereckigen Türmen eingefasst und ist im typisch normannischen Stil gehalten. Die äußeren Apsiden mit ihren verflochtenen polychromen Bögen zeugen von islamischen Einflüssen, während die prächtige Mosaikdekoration im Innenraum, die das Werk regionaler sowie venezianischer Meister ist, deutlich auf die byzantinische Tradition verweist. Es ist jedoch vorrangig das Innere der Kathedrale, das dem Besucher den Atem raubt. Die 6300 Quadratmeter bedeckenden Goldmosaike zeigen Szenen aus dem Alten und Neuen Testament und reichen von der Erschaffung der Welt bis zur Auferstehung Christi. Den Höhepunkt bildet in der Hauptapsis ein riesiger Christus als Weltenherrscher, der die Gläubigen in seiner Umarmung aufzunehmen scheint. An der Südseite der Kathedrale befinden sich die Reste des antiken Benediktinerklosters. Der große Kreuzgang auf quadratischem Grundriss ist mit seinen 208 reich verzierten Säulen ein weiteres Beispiel für die kosmopolitische Kunst der Normannen. Ihre Kapitelle sind verschiedenartig gestaltet und tragen Bögen, deren Form einen klar erkennbar arabischen Ursprung hat. Besondere Ein- und Ausblicke auf den Kreuzgang und seinen Garten, aber ebenso auf die Mosaikkunst, die äußeren Apsiden und den Golf von Palermo, bietet das neue Museo Diocesano di Monreale, das 2011 nach über 20 Jahren Planung eröffnet wurde. Dieser Zeitraum scheint eine Ewigkeit zu sein, bedenkt man, dass im 12. Jahrhundert gerade einmal elf Jahre Bauzeit für die Fertigstellung der kompletten Kathedrale benötigt wurden. Doch die Wartezeit wird heute mit einer dreistöckigen Ausstellung belohnt, die in den Räumlichkeiten des alten Seminars im Bischofspalast untergebracht ist. Hier wird auch der Schatz der größten Diözese Siziliens verwahrt, der reich ist an Kunstwerken und religiösen Artefakten aus den Jahren 200 bis 800.

104 *Der byzantinischen Tradition gemäss ist der Dom nach Osten ausgerichtet. Die drei Kirchenschiffe werden von zwei Reihen aus neun Granitsäulen voneinander getrennt. Das Mittelschiff mündet in das berühmte Mosaik, das Christus als Weltenherrscher zeigt.*

104-105 *Die Nebenapsiden des Doms sind mit Goldgrund-Mosaiken geschmückt, auf denen Heilige gezeigt werden, die dem Beispiel Christi folgten. Die rechts gelegene Apsis wird von der Figur des Petrus bestimmt.*

Im Steingarten von Sizilien

Aus der Not eine Tugend machen: Genau das tat man in der Gegend rund um Ragusa, nachdem die Ortschaften im Jahre 1963 von einem schweren Erdbeben, welches das südliche Sizilien verwüstete, dem Erdboden gleichgemacht worden waren. Man versuchte, dem Unheil, das allein in Ragusa 50 Prozent der Bevölkerung das Leben gekostet hatte, etwas Positives abzugewinnen und baute die Städte im Zeichen des Barock wieder auf. Dank ihres einzigartigen Stils wurden sie 2002, zusammen mit anderen damals neu errichteten Orten im Valle di Noto, von der UNESCO zum Weltkulturerbe erklärt. Der architektonische Reichtum dieser Gegend ist überwältigend. Wohin man auch blickt, erstrahlen Kirchen, Klöster und Paläste mit reichen Dekorationen. Die über und über verzierten Konsolen und Stützbalken der Balkone quellen geradezu über vor Masken, Putten, weiblichen Statuen, Dienerfiguren mit Turbanen. Ebenso demonstrieren Blumenbuketts und Musikinstrumente aus Stein beeindruckend die überquellende Fantasie des Spätbarocks. Ein Paradebeispiel ist der Palazzo Beneventano in Scicli, dessen Fassade mit karikaturistisch anmutenden menschlichen Figuren und fantastischen Tieren geschmückt ist. Ein Meisterwerk des 18. Jahrhunderts, ebenso wie die Kirchen und Palazzi der Via Mormino Penna. In dieser wohl eindrucksvollsten Straße der Stadt stehen neben den Barockgebäuden auch Bauten des Neoklassizismus und Jugendstils. Ragusa ist gleich zwei Mal schön, denn der Ort besteht aus zwei historischen Stadtkernen: Ragusa Inferiore (Ibla), wo Kirchen und Stadtpaläste in das mittelalterliche Stadtbild integriert wurden, und das auf einer Anhöhe liegende Ragusa Superiore. Das Herz von Ibla ist der Dom San Giorgio, ein Bauwerk Rosario Gagliardis, des bedeutendsten sizilianischen Barock-Architekten. Die imposante Fassade dominiert den Platz, zu dem der Dom querliegend ausgerichtet ist. Gagliardi baute auch den ebenfalls dem heiligen San Giorgio geweihten Dom in Modica, der zwischen dem höher und dem niedriger gelegenen Teil der Stadt auf einem Gipfel steht und über eine schwindelerregende Treppe mit 250 Stufen zu erreichen ist. Dieser Bau gilt als das unangefochtene Meisterwerk des sizilianischen Spätbarocks.

106 *Der Dom San Giorgio, der zwischen dem hohen und dem niedrig gelegenen Teil von Modica steht, wird Rosario Gagliardi zugeschrieben, dem Architekten, der mehr als jeder andere die Architektur des Spätbarocks in den Provinzen Ragusa und Syrakus prägte.*

107 *Zwei Mohrenköpfe sind die Dekoration der Mauerblenden, welche die beiden identischen Bauteile des Palazzo Beneventano verbinden. Der Palazzo ist einer der schönsten Barockbauten von Scicli.*

Die Grand Tour durch die Kunstepochen Italiens

Um die wahre Größe und Bedeutung des Vermächtnisses der Kunstschätze Italiens zu begreifen, um zu verstehen, welchen unschätzbaren Wert uns seine Künstler vom Mittelalter bis heute hinterlassen haben, muss man sich eine Welt ohne Internet, Fernsehen, Telefon, Züge und Schnellstraßen vor Augen rufen. Ohne die heutigen Möglichkeiten der Kommunikation und angetrieben nur von ihrer kreativen Energie, haben die Protagonisten der italienischen Kunstgeschichte überall im Land herausragende Werke hinterlassen. Rom, Venedig, Umbrien, Florenz: An allen großen Orten des Glaubens und des bürgerlichen Lebens findet man prächtige Fresken, Gemälde und Skulpturen, welche die Bedeutung und Unsterblichkeit der dargestellten Figuren und Schauplätze verbildlichen.

Wer die italienische Kunstgeschichte und ihre Höhepunkte nachzeichnen will, muss die Reisen der Künstler – ihre tatsächlichen und die werksinternen – verfolgen und die Entwicklung ihrer individuellen Ausdrucksmittel nachvollziehen. Es ist nicht einfach, die größten Meisterwerke der Vergangenheit in den Kirchen, Museen und anderen Ausstellungsorten auszuwählen. Aus diesem Grund haben wir die bedeutendsten Knotenpunkte der italienischen Kunstgeschichte ins Auge gefasst, um diejenigen Werke und Künstler auszuwählen, die mit ihren großen und kleinen Erneuerungen maßgeblich dazu beigetragen haben, die künstlerische Identität Italiens zu prägen: eine Anthologie der Meisterwerke, die sich an ihrer Einzigartigkeit ebenso wie am Staunen des Betrachters orientiert.

Wie jede Entwicklung entsteht auch die der italienischen Kunst aus einer Abgrenzung, in diesem Fall von der byzantinischen Maltradition. Der erste Künstler dieses revolutionären „Umbruchs“ ist Cimabue, der mit seiner Maestà di Santa Trinita *einen ersten Schritt zur malerischen Erkundung der Räumlichkeit tut und versucht, das Zweidimensionale durch eine neue Dreidimensionalität abzulösen. Der konkav geformte Thron seiner Madonna folgt in der Darstellung nicht mehr der byzantinischen Strenge, sondern überrascht mit einer nie dagewesenen intensiven Ausdruckskraft. In der Folge wird es Cimabues Schüler Giotto sein, der als Erster eine echte Unabhängigkeit von der östlich geprägten Malweise erlangt und „mit vollem Volumen“ in die italienische Kunstgeschichte eingehen wird. In seinen Fresken verleiht der toskanische Künstler seinen Figuren Körperlichkeit, lässt die gotische Architektur in seine Malerei einfließen und schafft auf einer flachen Oberfläche die Illusion von räumlicher Tiefe, eben dem, was wir als Plastizität erleben. In seinem Freskenzyklus über das Leben des heiligen Franziskus in der Basilica Superiore von Assisi erscheinen die Figuren fast real, sodass der Betrachter meint, persönlich an den dargestellten Szenen teilhaben zu können. Eine weitere Steigerung seines Ausdrucks erreicht der Künstler in der beeindruckenden Ausmalung der Scrovegni-Kapelle in Padua, in welcher Giotto seinen Figuren mit einem gezielten Helldunkelkontrast und psychologischer Tiefe eine überwältigende Natürlichkeit und Körperlichkeit verleiht. Die gleiche Beobachtungsgabe finden wir später auf dem Gebiet der Bildhauerei in Donatellos* David *wieder. Die Authentizität in den Gesichtszügen des biblischen jungen Helden ist eine eindeutige künstlerische Innovation und ein Zeugnis der*

Renaissance, die in Florenz ihren Ursprung nimmt und sich von dort über ganz Italien ausbreitet. Im 16. Jahrhundert findet sie ihren Höhepunkt in Michelangelo Buonarroti, auf den der andere große David von Florenz zurückgeht, dessen Schönheit laut Vasari „den antiken und modernen Statuen die Schau stahl".

An den Ufern des Arno erlebt die Kunst eine Blütezeit, in der Meisterwerke wie Botticellis Frühling und die Verkündigung Leonardo da Vincis entstehen – mit zwei der schönsten Blumenwiesen der italienischen Kunstgeschichte – die heute zu den meistgeliebten Exponaten der Uffizien gehören.

Ein weiteres Gemälde mit religiösem Motiv, die Beweinung Christi von Mantegna, gilt als eines der bedeutendsten Werke des 15. Jahrhunderts. Das in der Pinakothek von Brera verwahrte Bild markiert in seiner Dramatik und seiner ungewöhnlichen Perspektive einen der zahlreichen Wendepunkte in der italienischen Kunst. Mantegnas Werk befindet sich in Mailand in bester Gesellschaft: Im gleichen Museum kann man Raffaels Vermählung Mariens bewundern und im Speisesaal von Santa Maria delle Grazie das wohl berühmteste Fresko der Welt: Das letzte Abendmahl von Leonardo da Vinci. In Auftrag gegeben wurde Letzteres von Ludovico il Moro, einem großen Mäzen, an dessen Hof der Künstler von Lorenzo dem Prächtigen geschickt wurde. Der Herzog gilt als der bedeutendste Förderer der Künste seiner Zeit, auf ihn ist eine Vielzahl an Meisterwerken der italienischen Kunst zurückzuführen. Dazu zählen auch viele Arbeiten Michelangelos, dessen Lehrjahre am Hof der Medici eine entscheidende Rolle in seiner künstlerischen Entwicklung spielten. Mit den Kenntnissen der florentinischen Kunst des 15. Jahrhunderts kam er nach Rom, wo sowohl seine Skulptur als auch seine Malerei ihren Höhepunkt fand, wie die vatikanische Pietà und die Fresken in der Sixtinischen Kapelle eindrucksvoll beweisen. Wir befinden uns nun in der Hochrenaissance, die in Rom, wo neben Michelangelo und Raffael auch Bramante tätig war, ihre neue Hauptstadt fand. Gleichzeitig bildet sich in Venedig ein weiteres Zentrum der Kunst heraus, zu dessen größten Erneuerern Giorgione und Tizian gehören. Mit seinem Gemälde Das Gewitter legt Giorgione den Grundstein für eine neue Art der Landschaftsmalerei. Tizian wiederum hinterlässt mit seiner Darstellung der Himmlischen und irdischen Liebe eines der meistdiskutierten Werke der italienischen Kunstgeschichte. Umstritten ist mit Sicherheit auch ein weiteres venezianisches Werk, nämlich Veroneses Gastmahl im Hause des Levi, das den Maler sogar vor die Inquisition brachte. Denn mit dem Konzil von Trient ging auch die Renaissance zu Ende. Die Erneuerung der Malerei am Ende des 16. Jahrhunderts findet ihre Erfüllung in Caravaggio, dem Meister des Realismus. Mit seinem Obstkorb eröffnet er völlig neue Perspektiven für die Gattung des Stilllebens. Das Bild wird zum Glanzstück der Sammlung des Kardinals Federico Borromeo. Im Hause eines anderen großen Sammlers, namentlich Scipione Borghese, endet unsere Reise durch die Meisterwerke der italienischen Kunst. Den Abschluss bilden Berninis Apoll und Daphne sowie die Siegreiche Venus von Canova, zwei Skulpturen, die mit ihrer Lebendigkeit eindrücklich die künstlerische und zeitliche Entwicklung veranschaulichen, die einst mit der byzantinischen Darstellungsform begann.

Die *Maestà di Santa Trinita* von Cimabue

Is einen Revolutionär, einen Avantgardisten kann man Cimabue, wie Cenni di Pepo bis heute bekannt ist, mit Sicherheit bezeichnen. Obwohl er den Formen der Vergangenheit noch verhaftet blieb, erkannte er als erster Maler die Wichtigkeit, in die Zukunft zu blicken. Diese Entwicklung kann man in seiner Maestà di Santa Trinita nachvollziehen, einem Werk, das er für den Hauptaltar der vallombrosianischen Mönche in Florenz anfertigte. Später wurde das Kunstwerk in den Krankensaal des Klosters gebracht und ist nun bereits seit über hundert Jahren zusammen mit Arbeiten Giottos im Saal des Duecento der Uffizien zu sehen. Die große Holztafel bezieht sich auf die byzantinisch geprägte Malerei, führt jedoch gleichzeitig innovative Elemente ein, die als Vorgriff auf der umwälzenden künstlerischen Erneuerungen des 14. Jahrhunderts zu betrachten sind. Cimabue bildet die Madonna mit dem Kind ab, auf jeder Seite umgeben von vier Engeln, auf einem Thron sitzend. Trotz der frontalen Darstellungsweise ist die Thronansicht konkav, als wollte der Künstler räumliche Tiefe andeuten. Auch die leicht gestaffelt posierten Engel erzielen diese Wirkung, ebenso die Büsten der in drei Nischen unter dem Thron angeordneten Darstellungen des Jeremia und Jesaia seitlich, Abraham und David in der Mitte vermitteln durch ihre unterschiedlichen Blickrichtungen einen Eindruck von Perspektivität. Der Hintergrund ist nach mittelalterlicher Tradition in einer flächigen Vergoldung gehalten, jedoch ebnet Cimabues Maestà di Santa Trinita intuitive Perspektivierung Giotto und seiner genialen „Eroberung des Raums" den Weg. Wie alle großen Revolutionäre fand auch Cimabue in seiner Zeit wenig Verständnis, so dass Dante ihm sogar ein bitter anmutendes Terzett in seiner Göttlichen Komödie widmete: „Als Maler sah man Cimabue blühn, / Jetzt sieht man über ihn den Giotto ragen, / Und Jenes Glanz in trüber Nacht verglühn." (Fegefeuer, XI. Gesang). Unter der hölzernen Decke im Saal 2 der Uffizien erinnert man sich an diese Verse, vergleicht man Cimabues Maestà di Santa Trinita mit dem von Giotto für die Kirche Ognissanti angefertigten Werk. Als Erweiterung dieser Runde ist hier auch die Madonna Rucellai von Duccio di Buoninsegna zu sehen. Dieses Werk ist so sehr von Cimabues Malerei beeinflusst, dass man es bis ins 19. Jahrhundert hinein sogar ihm selbst zuschrieb.

110 und 111 *Cimabue orientierte sich bei seiner Thronenden Madonna mit Kind an der byzantinischen Ikonografie. Unter dem Thron sind seitlich die Propheten Jeremias und Jesaia dargestellt, in der Mitte sieht man Abraham und David.*

Die *Basilika San Francesco* Giottos Fresken

Für die Basilika San Francesco d'Assisi gibt es die Zeit vor und die nach dem 26. September 1997. An diesem Tag erschütterte ein Beben der Stärke 9 auf der Richterskala die Region, wodurch vier Menschen ums Leben kamen und 280 Quadratmeter Fresken von den Wänden der Basilica Superiore fielen. Darunter befanden sich auch die 80 Quadratmeter mit der dem jungen Giotto zugeschriebenen Darstellung San Girolamos, die in 80.000 Fragmente zersprang, also buchstäblich zu Staub zerfiel. Heute wurde das Fresko zu 65% wiederhergestellt und befindet sich an seinem alten Platz. Zunächst empfand man das Projekt als eine Utopie, aber dank der unglaublichen Leistung der Restauratoren entstand eine regelrechte Baustelle, auf der man auch die 4800 Quadratmeter Wandmalereien von Cimabue, Jacopo Torriti, Pietro Cavallini und natürlich Giotto sicherte, die von Rissen von 30 Kilometern Länge durchzogen wurden. So fanden die 28 dem Leben des heiligen Franziskus gewidmeten Bildfelder zu ihrem einstigen Glanz zurück, die Giotto, inspiriert von der franziskanischen Legende des Bonaventura (*Legenda Maior*), im letzten Jahrzehnt des 13. Jahrhunderts für den unteren Abschnitt der Basilika gemalt haben soll, die im Stil der französischen

112 UND 113 *DIE BASILICA SUPERIORE DI SAN FRANCESCO IN ASSISI (AUF DER NEBENSTEHENDEN SEITE DAS VON VIER JOCHEN UNTERTEILTE KIRCHENSCHIFF) WURDE, WIE AUCH DIE BASILICA INFERIORE, KURZ NACH DER KANONISIERUNG DES HEILIGEN (1228) VON BRUDER ELIAS GEPLANT.*

Gotik errichtet wurde und die umfangreichste italienische Freskenausmalung des 13. und 14. Jahrhunderts beherbergt. Die von Säulen gerahmten Szenen scheinen dem Betrachter entgegenzukommen, wodurch eine neuartige Beziehung zwischen gemaltem und realem Raum entsteht. Auch für die *Vita des heiligen Franziskus* gibt es ein Vorher und ein Nachher. Für viele Kunsthistoriker beginnt mit dieser grandiosen Bilderzählung die Moderne, beziehungsweise der Schritt von der „griechisch-byzantinisch“ geprägten Kunst zur Erfindung eines ersten Naturalismus. Während das ganze Mittelalter von der eindimensionalen Darstellungsweise des Byzantinischen geprägt war, begann mit Giotto der Weg zur dreidimensionalen Abbildung, zur Räumlichkeit und Körperlichkeit. Weitere Zeugnisse dieser Revolution Giottos sind auch die Fresken, die er zusammen mit seinen Gehilfen ab 1307 für die Basilica Inferiore di Assisi anfertigte. Obwohl diese Kirche den gleichen Grundriss hat wie die über ihr stehende, erweckt sie den Eindruck einer Krypta. Ein Ort der Besinnung und des Gebets vor dem Heiligen, der unter der Kirche begraben liegt.

114 Die Vogelpredigt *ist die fünfzehnte von 28 Darstellungen aus dem* Leben des heiligen Franziskus, *die Giotto ab 1296 im unteren Teil des Kirchenschiffes der Basilica Superiore malte.*

115 *Der Einsatz von verkürzter Architektur als Kulisse der gemalten Figuren wird besonders in der Darstellung* Vertreibung der Teufel aus Arezzo *deutlich, der zehnten Geschichte des dem heiligen Franziskus gewidmeten Bildzyklus.*

Die *Scrovegni-Kapelle* Giottos Fresken

Giottos Arbeit muss die Erwartungen seines Auftraggebers Enrico Scrovegni weit übertroffen haben. Der reiche Bankier aus Padua strebte nach Vergebung, weniger für sich als für seinen Vater Reginaldo, der sich mit der Sünde des Wuchers befleckt hatte. Die Stiftung der neben dem familiären Palast errichteten Kapelle würde man heute als eine Art „Marketingaktion" bezeichnen, mit der alle Kritiker zum Schweigen gebracht werden sollten. Und sie war so gelungen, dass sogar der Auftraggeber verstummte, als das Gebäude am 25. März 1303 anlässlich Mariä Verkündigung geweiht wurde. An diesem Tag nämlich sah man erstmals einen hellen Lichtstrahl den großen Raum der einschiffigen Kapelle durchqueren und genau den Punkt auf Giottos Fresko vom Jüngsten Gericht beleuchten, der darstellt, wie die heilige Jungfrau die Kapelle aus der Hand des Stifters Enrico entgegennimmt. Zwei Jahre zuvor hatte der vorausblickende Auftraggeber den Bildhauer Giovanni Pisano, der die drei Altarstatuen von Maria mit Kind und zwei Diakonen anfertigte, und Giotto nach Padua gerufen. Letzterem übertrug er die gesamte Ausmalung der ursprünglich als Begräbnisstätte der Familie Scrovegni konzipierten Kapelle. Giotto hatte bereits für den Papst die Basilica Superiore von Assisi und San Giovanni in Laterano ausgemalt, als er nun innerhalb von 850 Arbeitstagen sein Meisterwerk schuf: Beginnend mit der Geschichte von Marias Eltern, den Heiligen Joachim und Anna, sind auf fast 1000 Quadratmetern die Geschichten der heiligen Jungfrau und Jesu Christi dargestellt, die in einer die gesamte Innenwand gegenüber dem Altar bedeckenden Darstellung des Jüngsten Gerichts gipfeln. Die Harmonie von Ausmalung und Architektur ist so groß, dass man zeitweise auch den Bau der Kapelle Giotto zuschrieb. Der toskanische Maler verwandelte die religiösen Episoden an den Innenwänden in ein menschliches Drama seiner Zeit, indem er seine Fresken mit Figuren in der zeitgenössischen Kleidung des 14. Jahrhunderts und mit gotischen Bauwerken bevölkerte. Besonders eindringlich widmete er sich seinen perspektivischen Darstellungsversuchen, die in Assisi nur teilweise anklingen. Allein durch den Einsatz von Farbe und mit einem gezielten Helldunkelkontrast gelang ihm die Illusion von räumlicher Tiefe im Bild, wie sie dank der 2002 abgeschlossenen Restaurierungsarbeiten des italienischen Zentralinstituts für Restaurierung perfekt erkennbar ist.

116 *Die Harmonie zwischen Malerei und Architektur ist so umfassend, dass man Giotto, der den gesamten einschiffigen Bau ausmalte, auch für den Baumeister der Scrovegni-Kapelle in Padua hielt.*

118-119 *Mit der Beweinung Christi bewegt sich Giotto einen weiteren Schritt auf die gotisch-byzantinische Tradition zu, indem er verhüllte Figuren und Rückenansichten einsetzt, die der dargestellten Szene neue Dramatik und Realismus verleihen.*

119 *Die Lanzen und Fackeln vor dem blauen Hintergrund lassen in Der Verrat des Judas räumliche Tiefe entstehen, während der abwechselnde Einsatz von warmen und kalten Farbtönen den Figuren Körperlichkeit verleiht.*

Der *David* von Donatello

Donatellos *David*, der Jüngling mit dem frechen Gesichtsausdruck, ist die erste nackte Renaissance-Statue in Vollansicht, die seit der Antike gefertigt wurde (mit Ausnahme des Bronzekruzifixes des gleichen Künstlers für die Basilika Sant'Antonio in Padua). Heute kann man ihn frisch restauriert im Museo del Bargello von Florenz bewundern, den fast jungenhaften David, dessen Blick voller Stolz und Freude über seinen Sieg über den Giganten Goliath ist. Die Statue verdeutlicht die Überlegenheit des Intellekts über die reine Muskelstärke. Der zukünftige König von Israel steht mit dem rechten Bein fest auf der Erde, während das linke auf dem abgeschlagenen Kopf des Riesen ruht. Er trägt antikisierende Lederstrümpfe, die bis zum Knie reichen, und einen auffälligen Hut mit breiter Krempe. Der Hut ähnelt dem Petasos, mit dem Merkur häufig abgebildet wird, was viele Kunsthistoriker zu der Annahme verleitete, dass Donatellos Werk den Gott nach seinem Kampf mit Argus darstellt. Tatsächlich wird der David von vielen Rätseln umgeben, nicht nur die um seine Bedeutung, sondern auch solche, die Auftraggeber und Entstehungszeit betreffen. Zu den glaubhaftesten Hypothesen zählt die, welche Cosimo il Vecchio de' Medici als Auftraggeber sieht. Er soll das Werk 1435 für die „Casa Vecchia" in der Via Larga beauftragt haben. Von hier aus wäre es dann seinem Besitzer in den Palazzo Medici (heute Medici Riccardi) gefolgt. In einer Chronik von 1469 über die Hochzeit von Lorenzo dem Prächtigen und Clarice Orsini wird ihr Aufstellungsort in der Mitte des Hofes dokumentiert. Demnach stand die 158 Zentimeter messende Bronze auf einer hohen Säule, einem Werk des Donatello-Schülers Desiderio da Settignano. Mit der Vertreibung der Medici im Jahr 1495 beginnt die lange Reise des David, der sich zeitweise im Palazzo Vecchio, im Palazzo Pitti und in den Uffizien befand. Erst 1865 kam er dann in das neugegründete Bargello-Nationalmuseum, wo er sich in Gesellschaft der größten Meisterwerke florentinischer Bildhauerkunst befindet. Unter anderem steht hier auch der zweite von Donatello gefertigte David, den er 1408 für die Opera di Santa Maria del Fiore schuf.

120 UND 121 *DER 158 CM HOHE DAVID AUS BRONZE ENTSTAND AUF DEM HÖHEPUNKT VON DONATELLOS SCHAFFEN. ERSTMALS ERWÄHNT WIRD DAS WERK 1469 IN EINER CHRONIK ÜBER DIE HOCHZEIT VON LORENZO DEM PRÄCHTIGEN MIT CLARICE ORSINI.*

Die *Allegorie des Frühlings* von Sandro Botticelli

Anmut, Eleganz und eine Welt für sich, das war das Florenz von Lorenzo dem Prächtigen. Und all dies vermittelt auch Botticellis *Frühling*, das bedeutendste Renaissance-Meisterwerk der Uffizien. Wie auch die anderen mythologisch-allegorischen Werke des Künstlers zelebriert es auf lebhafte Weise die glücklichste Epoche der Stadt Florenz und ihr kulturelles Klima. In Auftrag gegeben wurde das Werk wahrscheinlich von Lorenzo di Pierfrancesco de' Medici, dem Cousin Lorenzos des Prächtigen, in dessen Haus Vasari es das erste Mal sah. Er war es, der dem Bild seinen heutigen Namen verlieh. Seitdem wurde viel über die Bedeutung des Gemäldes diskutiert, letztlich sehen alle Interpretationen darin eine Verherrlichung der Schönheit als Mittel, um über die Materie des Irdischen hinauszugehen. Diese Idee geht auf den Neoplatonismus zurück, eine philosophisch-ästhetische Denkrichtung, die am Hofe der Medici gepflegt wurde und zu deren Vertretern auch Marsilio Ficino und Pico della Mirandola gehörten. Aber wer sind nun die neun Figuren, die scheinbar tanzend über einer Wiese in einem Orangenhain schweben? Nach der gängigsten Lesart beginnt man mit einer Deutung von rechts nach links. Hier steht eine blaue Figur, möglicherweise eine Personifikation des Frühlingswindes, die nach der Nymphe Chloris greift. Nach Ovids *Fasti* verwandelt sie sich daraufhin in Flora, die dritte Figur in der Reihenfolge, welche ein Kleid mit Blumenmotiven trägt und Knospen auf den blühenden Rasenteppich streut. Der Rasen wurde von Botticelli mit ganzen 190 verschiedenen botanisch verifizierbaren Pflanzenarten bestückt, die mit großer Wahrscheinlichkeit auf die flämischen Millefleurs-Wandteppiche zurückgehen. Leicht in den Hintergrund gerückt erscheint als Nächstes eine elegante Dame, über deren Kopf eine Putte, vielleicht Amor, schwebt, die gerade einen Pfeil spannt. Die häufig als Venus identifizierte Schönheit ist nach neoplatonischer Lesart das Symbol der Humanitas. Sie ist die Mittlerin zwischen den Menschen und Gott, welche die rechts im Bild dargestellte irdische Liebe von der spirituellen Liebe trennt, die wiederum von den drei links tanzenden Grazien und Merkur verkörpert wird. Merkur schließt die Allegorie Botticellis ab, indem er die am linken Bildrand auftauchenden Wolken vertreibt und so einen ewigen Frühling sichert.

123 und 124-125 *Die Nymphe Chloris, die von Zephyr in Flora verwandelt wird, ist eine der neun Figuren in dieser den Frühling darstellenden Allegorie (Tempera auf Holz; 203×314 cm) von Sandro Botticelli.*

Die *Verkündigung* von Leonardo da Vinci

126-127 *Leonardo da Vinci soll die Verkündigung (Öl und Tempera auf Holz; 98×217 cm) für den Speisesaal der florentinischen Kirche San Bartolomeo in Monte Oliveto gemalt haben, als er knapp über zwanzig Jahre alt war (1472-1475).*

In den Achtzigerjahren schuf Andy Warhol mit einer Detaildarstellung eine Hommage an Leonardo da Vincis *Verkündigung*. Der für seine Darstellungen von Marilyn Monroe und den Campbell-Dosen berühmte Künstler war tief beeindruckt von diesem frühen Werk Leonardos (entstanden um 1475) und seiner poetischen Einfachheit. Indem er nur die Hände des Erzengels Gabriel und der Jungfrau Maria von Leonardos Bild reproduzierte, stellte er auf seine Art ein weiteres Mal die Größe des Renaissancewerks unter Beweis. Das seit 1867 in den Uffizien verwahrte und lange Zeit Ghirlandaio zugeschriebene Gemälde ist ein Beweis für Leonardos Experimentierfreude und seinen Innovationsgeist. Er war ein Künstler, der sich nicht hinter seiner Bildung verbarg, sondern der sich für das Wahre interessierte, für die Realität in ihrer ganzen Erscheinung. Hiervon zeugt zum Beispiel die Küsten- und Berglandschaft im Hintergrund des Bildes, auf welche er die Luftperspektive anwandte. Die entfernt gelegenen Teile scheinen am Horizont zu verschwimmen, wie es unserer tatsächlichen Seherfahrung entspricht. Der Landschaftsausschnitt des Gemäldes bestärkt eine neue Hypothese, nach der das Bild ursprünglich nicht für die frontale Betrachtung, sondern für eine Ansicht von unten konzipiert wurde. Schaut man von rechts unten auf die Bildfläche, verschwinden viele der vermeintlichen Fehler in der Perspektive, welche man in diesem Werk zu finden glaubte: Die Madonna nimmt eine zentrale Position ein, ihr zu lang geratener Arm erhält plötzlich die richtigen Proportionen, die Fassade des Palastes im Hintergrund streckt sich, und der scheinbar zu weit von Maria entfernt stehende Buchständer rückt näher und gestattet so eine natürlichere Haltung des Arms. Besonders interessant ist der Sarkophag, auf dem das Lesepult steht. Er ist die Kopie des von Verrocchio für das Grab von Giovanni und Piero de' Medici angefertigten Originals in der alten Sakristei von San Lorenzo. Eine Hommage Leonardos an seinen Meister, in dessen Werkstatt er lernte und unter dessen Einfluss er zur Entstehung der *Verkündigung* noch stand.

Die *Beweinung Christi* von Andrea Mantegna

Mantegnas *Beweinung Christi* überrascht durch eine außergewöhnliche Perspektive. Zunächst fallen dem Betrachter die verletzten Füße des zur Beerdigung vorbereiteten Leichnams ins Auge. Durch die nach hinten zulaufenden Fluchtlinien des Bildes wird sein Blick sodann ins Zentrum der dramatischen Szene gelenkt. Der emotionale Moment spiegelt sich in den schmerzlich verzerrten Gesichtern der Heiligen: Die Madonna ist im Begriff ihre Tränen zu trocknen, Johannes erhebt seine Hände zum Gebet. Im Hintergrund erkennt man unscharf eine weitere Figur, bei der es sich mit aller Wahrscheinlichkeit um Maria Magdalena handelt. Der Leichnam Christi ist, in Rückenlage ausgestreckt, in Frontansicht zu sehen. Die gewollte Verkürzung ist eine besondere Interpretation des Künstlers, die den Körper in seiner ganzen Natürlichkeit zeigt und bewirkt, dass die Perspektive sich nach jedem beliebigen Blickwinkel im Raum auszurichten scheint. Wer sich dem Bild nähert, hat tatsächlich den Eindruck, über einen Verstorbenen zu wachen, ebenso wie die drei Trauernden links im Bild. Alles in diesem Gemälde, beginnend mit den schmerzenden Wundmalen, beschreibt die Tragödie des Todes Christi. Mantegnas Werk, das in der Pinakothek von Brera zu sehen ist, zeigt einen Christus aus Fleisch und Blut. Der Künstler stellt den Sohn Gottes als Menschen ohne jede Idealisierung dar, wie dies auch die unter dem Leichentuch deutlich erkennbaren Genitalien verdeutlichen, die an die Darstellungsform antiker Skulpturen erinnern. Mit großer Wahrscheinlichkeit begleitete dieses ausdrucksstarke Kunstwerk den großen Maler, der auch für die Ausmalung der *Camera degli Sposi* berühmt ist, in seinen letzten Lebensjahren. Scheinbar handelte es sich bei diesem Gemälde um ein privates Andachtsbild des Künstlers, das erst nach dessen Tod in Mantegnas Atelier gefunden wurde. Nachdem sein Sohn Ludovico es zunächst verkauft hatte, kam es später in den Besitz Karls I. von England und ging dann an den Kardinal Mazarino. Es galt über ein Jahrhundert als verschollen und kam schließlich im Jahr 1824 auf Wunsch des Akademiesekretärs Giuseppe Bossi und dank der Vermittlung eines bedeutenden Künstlers dieser Zeit, Antonio Canova, endlich in die Pinakothek von Brera.

128-129 *Mantegnas Beweinung Christi (Tempera auf Leinwand; 68×81 cm) wurde nach dem Tod des Künstlers im Jahr 1506 in seiner Werkstatt entdeckt. Aufgrund seiner Ausdruckskraft gilt es als eines der Schlüsselwerke der italienischen Renaissance.*

Das letzte Abendmahl von Leonardo da Vinci

130-131 *Das letzte Abendmahl, das Leonardo da Vinci im Auftrag von Ludovico il Moro im Refektorium des Dominikanerklosters Santa Maria delle Grazie in Mailand malte, ist eine tiefgehende Analyse der menschlichen Seele.*

Um die Entstehungsgeschichte von Leonardos Meisterwerk wirklich nachvollziehen zu können, müsste man heute eine kleine Europareise machen: nach Oxford, wo im Magdalen College eine von Leonardos Assistenten Giampietrino angefertigte Kopie verwahrt wird, oder in den Norden von Paris, wo im Renaissance-Museum von Ecouen eine Marco d'Oggiono zugesprochene Kopie zu sehen ist. Die heutige Wandansicht des Speisesaals von Santa Maria delle Grazie ist ganz anders als jene, die Ludovico il Moro 1497 bewundern konnte. In diesem Jahr stellte Leonardo das von Mailands Herrscher in Auftrag gegebene Werk fertig. Leider wurde eine ungünstige Materialwahl getroffen: Anstatt die Freskentechnik anzuwenden, bemalte Leonardo die Wand mit Temperafarben, als würde er ein Tafelbild fertigen. Diese Entscheidung des Renaissance-Genies erwies sich jedoch als anfällig; die Zeit und die Feuchtigkeit setzten dem Gemälde zu. Trotz der Restaurierungsarbeiten von 1979 und 1999 ging daher viel vom Originalzustand verloren. Die Blautöne leuchten zwar wieder wie einst, das Grün des Bildes ist jedoch fast verschwunden. Die Füße der Apostel konnten wiederhergestellt werden, die von Christus hingegen sind durch die erschaffene Durchgangsöffnung zu den Küchenräumen des Gebäudes für immer verloren. Nach wie vor wird der Betrachter jedoch von Leonardos Interpretation des letzten Abendmahls bezaubert. Das menschliche Drama des Betruges rückt in den Vordergrund und verleiht der Darstellung der in vier Dreiergruppen symmetrisch um Christus herum versammelten Apostel psychologische Tiefe. Die Vorankündigung des Verrats stellt Leonardo als eine Wellenbewegung dar, die sich vom Mittelpunkt des Bildes in unterschiedlich intensiven Abschnitten zu den Tischenden erstreckt. Gesten, Mimik und Handbewegungen spiegeln die Theorie der „inneren Seelenbewegung" wider, auf der Leonardos Malerei basiert und die dem Betrachter den Gemütszustand jedes einzelnen Apostels vermittelt. Dieses Universum an Gefühlen erweckte der englische Regisseur Peter Greenaway 2008 im Mailänder Palazzo Reale mit einer höchst eindrucksvollen Multimedia-Projektion zum Leben, indem er das Renaissance-Meisterwerk von Neuem in Farben und Finessen erstrahlen ließ, die zuvor für immer verloren schienen.

RAPHAEL.VRBINAS
M
DIIII

Die *Vermählung Mariens* von Raffael Sanzio

Am 15. August 1809 öffnete die Pinakothek von Brera anlässlich Napoleons Geburtstags erstmals dem Publikum ihre Tore. Im März 2009 feierte das große Mailänder Museum sein zweihundertjähriges Bestehen mit der Präsentation der restaurierten *Vermählung Mariens*, dem Gemälde, das zusammen mit Mantegnas *Beweinung Christi* und der *Pala Montefeltro* von Piero della Francesca der Mittelpunkt der Mailänder Sammlung ist. Das Werk Raffaels kam 1805 in die Stadt, nachdem es von General Lechi und den napoleonischen Truppen aus der Kirche San Francesco in Città di Castello entwendet worden war. In Mailand sollte es der neu entstehenden Sammlung Glanz verleihen und wurde schnell zu ihrem bedeutendsten Grundstein. Das auf 1504 datierte Gemälde wurde ursprünglich für die Cappella Albizzini in der Kirche San Francesco gemalt. Raffael war zu diesem Zeitpunkt gerade erst zwanzig Jahre alt, aber dennoch von überraschender künstlerischer Reife. Bald schon würde er nach Florenz übersiedeln. Das Werk stellt eine Art Unabhängigkeitserklärung des Künstlers aus Urbino dar. Die *Vermählung* von Brera ist eine Hommage an seinen Meister Perugino, obgleich diese Arbeit bereits über ihn hinausweist. Raffaels Bild bezieht sich klar auf ein Werk Peruginos gleichen Themas, das dieser für die Cappella dell'Anello im Dom von Perugia ausführte und das heute in Caen zu sehen ist. Raffael verwendet den gleichen Bildaufbau, mit den Brautleuten und dem Priester im Mittelpunkt. Eine Gruppe Männer steht neben Josef, eine Ansammlung von Frauen neben Maria. Im Hintergrund führen Stufen zu einem Tempel hinauf. Die zahlreichen Unterschiede sind jedoch bedeutender als die Übereinstimmungen. Nicht nur die Figuren Raffaels übertreffen jene von Perugino, es ist vor allem der Tempel, mit dem der Schüler seinen Meister in den Schatten stellt. Bei Perugino ruht das achteckige Gebäude massiv und drohend über den Figuren, während der Tempel Raffaels edel und luftig erscheint. Seine sechzehn Seiten verleihen dem Gebäude Gleichmäßigkeit und Perspektive, während die höhere Treppe schlanke Eleganz vermittelt. Auch die Figuren richten sich nach dem runden Platz im Hintergrund aus. Anstatt in einer einfachen Reihe zu stehen, bilden sie eine räumlich wirkende Kurve. Auf diese Weise vermittelt Raffaels Werk große Harmonie und Ausgeglichenheit. Zusätzlich glänzt es mit einer weiteren kleinen, aber höchst bedeutenden Revolution: Raffael befreit seine Figuren von der Strenge Peruginos und lässt sie in einer ganz neuen Ungezwungenheit erscheinen.

132 *Die Vermählung Mariens (Öl auf Holz; 170×118 cm) ist das erste signierte Werk Raffaels. Der Künstler inspirierte sich an der gleichnamigen Tafel von Perugino, die heute im Musée des Beaux-Arts von Caen aufbewahrt wird.*

Das *Gewitter* von Giorgione

Beim Betrachten von Giorgiones *Gewitter* sollte man wenigstens für einen Augenblick all die Hypothesen, Mutmaßungen, Theorien und Mythen vergessen, die das Gemälde seit einem halben Jahrtausend zu deuten versuchen. Dann erst sollte man sich dem in der Accademia von Venedig verwahrten Bild nähern, um völlig unbefangen „eintreten" zu können. Um das Auffrischen der Luft zu fühlen, die Blätter im plötzlich aufkommenden Wind des Gewitters rauschen zu hören. Das Herzstück der Darstellung ist der Blitz, der im Augenblick seines grellsten Aufleuchtens eingefangen wurde und dem Gemälde seine besondere Atmosphäre verleiht. Den Auftrag für das Werk erhielt der Künstler aus Castelfranco Veneto zu Beginn des 16. Jahrhunderts von dem Adligen Giorgio Vendramin. Abgesehen von seinen versteckten allegorischen Bedeutungen beeindruckt es allein schon durch seine Ausmaße. Zum ersten Mal in der Renaissancemalerei steht die Natur im Vordergrund und erscheint, mehr noch als die Figuren, als Ausdruck eines Gemütszustandes. Mit seinem revolutionären Einsatz der Farbe, die durch Abtönung und Vermischung eine besondere Harmonie erzielt, schafft Giorgione eine Art von Durchdringung der Figuren und der Landschaft, die zum Protagonisten des Bildes avanciert. Dies liegt auch daran, dass der Künstler ohne Vorzeichnung direkt mit der Farbe arbeitet. Die eingefangene Szene erscheint dem Betrachter so veränderbar und lebendig, als würde sie vibrieren. Die gesamte venezianische Malerei des 16. Jahrhunderts wird von diesem Effekt geprägt und findet mit Tizian ihren Höhepunkt. Nach wie vor geheimnisvoll bleibt die Identität der beiden dargestellten Figuren, der halb entblößten jungen Frau rechts im Bild, die damit beschäftigt ist, einen Säugling zu stillen, und ein junger Mann in zeitgenössischer Kleidung, der auf einen Stab gestützt die Frau betrachtet. Die beiden Figuren scheinen nah beieinander angeordnet zu sein, werden jedoch durch einen Wasserlauf getrennt. Ebenfalls unbekannt ist die im Hintergrund dargestellte Stadt, über welcher sich das Gewitter entlädt. Häufig wird sie mit Padua identifiziert, da die Bauwerke an das Castello di Ezzelino, den Ponte di San Tommaso und die Kuppel der Chiesa del Carmine erinnern.

134-135 *Erstmals in der europäischen Kunst entwickelt sich in Giorgiones Gewitter (Öl auf Leinwand; 83×73 cm) die Landschaft vom blossen Hintergrund zum Protagonisten des Bildraums, in dem sich ein Gemütszustand ausdrückt.*

Die *Pietà* von Michelangelo Buonarroti

„Jungfrau und Mutter, Tochter deines Sohnes", so beginnt der letzte Gesang von Dantes *Göttlicher Komödie*, den Michelangelo im Kopf hatte, als er zwischen 1498 und 1499 seine *Pietà* in Stein haute. Als er sich an Dantes Versen inspirierte, war der in der Kultur des Hofes von Lorenzo de' Medici groß gewordene Künstler kaum älter als zwanzig Jahre. Und so erscheint auch die Madonna, die den Körper des toten Jesus auf dem Schoß hält, in der Blüte ihrer Jugend und nicht, wie damals üblich, als eine alte Frau. Die perfekten Gesichtszüge der Jungfrau und ihres Sohnes bilden so eine Einheit von physischer und spiritueller Schönheit. Auch das Thema der Pietà weicht von den in der Renaissance-Kunst üblichen Darstellungsformen ab. Tatsächlich ist das Werk von der Gattung der Vesperbilder – üblicherweise ausschließlich in Holz gefertigte sakrale Skulpturen – beeinflusst, die im Deutschland des 14. Jahrhunderts entstand und sich vor allem in Nordeuropa verbreitete. Diese geografische Besonderheit erklärt Michelangelos Wahl. Sein Auftraggeber war der Kardinal Jean de Bilhères, welcher aus Frankreich nach Rom gekommen war und hier als Botschafter Karls VIII. am Hofe von Papst Alexander VI. tätig war. Das Ergebnis dieses Auftrages ist das Meisterwerk, das heute im rechten Kirchenschiff des Petersdoms im Vatikan aufbewahrt wird, dem Gotteshaus, an dessen Fertigstellung Michelangelo von 1546 an bis zu seinem Tod im Jahr 1564 arbeitete. Was an dem Werk am meisten beeindruckt, ist die Natürlichkeit der Pose, in der Jesus erschlafft im mütterlichen Schoß ruht. Wenn das Licht auf die Gesichter der Figuren und den reichen Faltenwurf von Marias Tuch fällt, verleiht es der Skulptur einen fast durchscheinenden Effekt, sodass sie nahezu aus Wachs zu sein scheint. Gut sichtbar lässt sich auf einem Band von Marias Gewändern folgende Inschrift lesen: „Michael. Angelus. Bonarotus. Florent. Faciebat", die einzige bekannte Signatur Michelangelos. Der Legende nach soll Buonarroti sich unter die Menge, die sein Kunstwerk bewunderte, gemischt und dabei gehört haben, wie jemand es dem lombardischen Künstler Cristoforo Solari zuschrieb. Und damit niemand mehr Zweifel hätte, soll er sodann seinen eigenen Namen in den Stein gemeißelt haben.

136, 137 und 138-139 *Die Pietà aus dem Petersdom ist das einzige signierte Werk Michelangelos. Das 174 cm hohe Meisterwerk von Buonarroti wurde aus einem einzigen Marmorblock gehauen, den der Künstler in den Steinbrüchen von Carrara auswählte.*

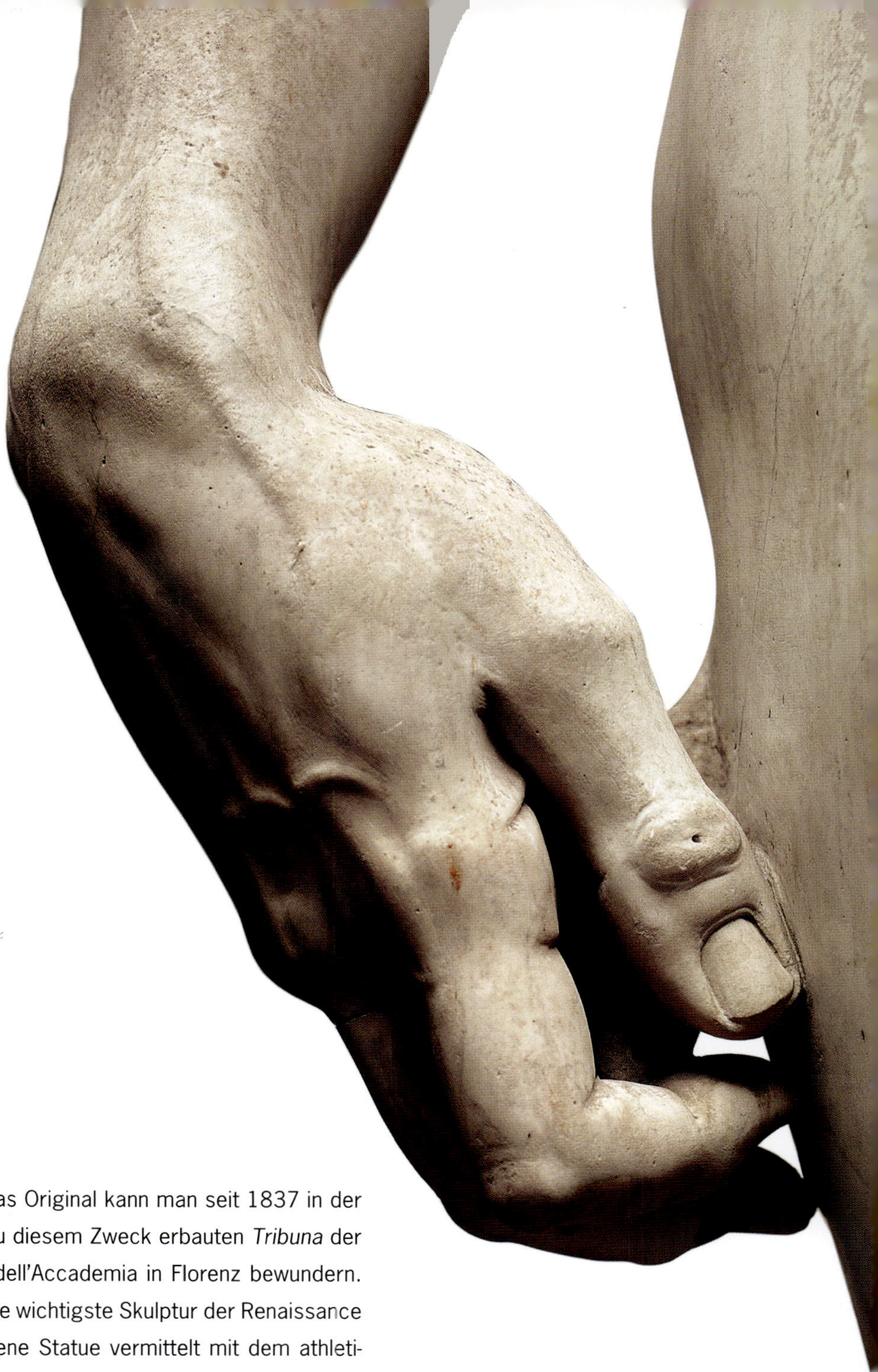

Der *David* von Michelangelo Buonarroti

Es sind über 500 Jahre vergangen, seitdem Michelangelo 1504 seine weltberühmte, ursprünglich für die florentinische Kathedrale Santa Maria del Fiore vorgesehene Statue mit den gigantischen Ausmaßen (5,17 Meter hoch) fertigstellte. Und dennoch sorgt der David weiterhin für Unruhe. Der jüngste Skandal ereignete sich Anfang 2013, als eine Kopie des Originals in einem japanischen Park ein solches Chaos verursachte, dass es nötig schien, sie zu bedecken. Die gleiche Reaktion hatte eine andere Kopie, welche die Stadt Florenz anlässlich des 3000. Jahrestages der Eroberung durch David als Geschenk nach Jerusalem schickte, bei den dortigen Orthodoxen hervorgerufen. Besser verlief es in London, wo Königin Viktoria einer 1857 vom Großherzog der Toskana als Geschenk überreichten Kopie lediglich ein winziges Feigenblatt hinzufügen ließ. Selten erweist sich das italienische Sprichwort „viele Feinde, viel Ehre“ als so wahr wie im Fall des David. Das Original kann man seit 1837 in der eigens zu diesem Zweck erbauten *Tribuna* der Galleria dell'Accademia in Florenz bewundern. Die als die wichtigste Skulptur der Renaissance angesehene Statue vermittelt mit dem athletischen Körper, seiner perfekten Muskeldarstellung und dem stolzen Blick des jungen Mannes, der bereit ist für den Kampf gegen den Riesen Goliath, eine unglaubliche Vereinigung von körperlicher Kraft und innerem Ausdruck. Mit seiner perfekten Schönheit „nahm der David allen antiken und modernen Statuen den Ausdruck“, so Vasari, und wurde wegen seiner Symbolkraft sofort zum Sinnbild der Neuen Republik, die 1494 die Medici aus Florenz vertrieben hatte. Auch deshalb änderte man den Plan, die Figur in der Kathedrale aufzustellen, und brachte sie auf die Piazza della Signoria, wo heute noch eine der beiden Florentiner David-Kopien steht. Die andere thront auf dem nach Buonarroti benannten Platz, dem Belvedere, von welchem aus man ganz Florenz überschauen kann.

140 und 141 *Der von Michelangelo zwischen 1501 und 1504 gefertigte David wurde 1873 von der Piazza della Signoria in einen eigens in der Galleria dell'Accademia für den Marmorgiganten gebauten Saal gebracht.*

IONAS

Die *Sixtinische Kapelle* von Michelangelo Buonarroti

Der erste Versuch war erfolgreich. Unglaublich, aber wahr: Die Wandmalereien in der Sixtinischen Kapelle, die jedes Jahr von über fünf Millionen Menschen bewundert werden, waren Michelangelos erste Erfahrung mit der Technik des Fresko. Bramante wusste dies natürlich ganz genau und hatte ihn Papst Julius II. mit böser Absicht vorgeschlagen. Sein Ziel war, den Künstler, der bis dahin nur als Bildhauer sein Talent unter Beweis gestellt hatte, in Verruf zu bringen, um den Auftrag dann seinem Freund Raffael übertragen zu lassen. Aber wie man weiß, ist Talent unvorhersehbar, und Michelangelo gelang es, die plastische Kraft seiner Skulpturen auch in die Malerei zu übertragen. Die Episoden der Schöpfungsgeschichte bedecken die 700 Quadratmeter des Deckengewölbes und verbinden sich mit den Freskenzyklen der Kapelle aus dem 15. Jahrhundert, die von Perugino, Botticelli und Ghirlandaio stammen. Für Michelangelo war der Auftrag eine physische und künstlerische Herausforderung unvorstellbaren Ausmaßes. Der Künstler meisterte die Arbeit in völliger Einsamkeit zwischen 1508 und 1512. Sozusagen Haut an Haut schuf er seine über 400 Figuren, welche die biblische Geschichte mit einer noch nie dagewesenen Kraft illustrieren. Die Einweihung an Allerheiligen war ein wahrer Triumph, über den Vasari später schrieb: „Dieses Werk ist ein Leuchtfeuer unserer Kunst und bedeutete für die Malerei eine solche Wohltat und Erleuchtung, dass sie die ganze Welt erstrahlen ließ, die bis dahin für viele Jahrhunderte im Dunkel gelegen hatte". 1537 wurde Michelangelo von Clemens VII. beauftragt, auch die Altarwand der Kapelle auszumalen. So entstand sein Meisterwerk, das *Jüngste Gericht*. In einer Mischung aus der biblischen Erzählung und Dantes *Göttlicher Komödie* gelang ihm eine nur aus Körpern bestehende Architektur. Die insgesamt 391 Verdammten und Erlösten schaffen zusammen denselben dreidimensionalen Effekt, den man bereits bei der Deckenausmalung wahrnimmt. Als das Werk 1541 enthüllt wurde, empfand man die Nacktheit der Figuren hinter dem heiligsten Altar des Christentums als skandalös. Daniele da Volterra wurde daraufhin mit der Übermalung bestimmter Stellen beauftragt, was ihm den Spitznamen „Braghettone" – „Unterhosenmaler" – einbrachte.

142-143 *Das Jüngste Gericht befindet sich hinter dem heiligsten Altar der Christenheit und gilt als Michelangelo Buonarrotis grösstes Meisterwerk. Gemalt wurde es in der Sixtinischen Kapelle von 1536 bis 1541.*

144-145 *Vier ganze Jahre dauerte die Deckenausmalung der Sixtinischen Kapelle: 700 Quadratmeter, die Michelangelo von 1508 an ganz allein bearbeitete.*

146 Der Sündenfall ist eines der neun Bilder der mit Genesis-Darstellungen verzierten Decke. Adam und Eva lassen sich hier von der Schlange verführen, im nächsten Bild wiederum werden sie von einem Engel aus dem Paradies vertrieben.

147 Die vierte Darstellung der Decke ist die Erschaffung Adams, das berühmteste Detail der Sixtinischen Kapelle. Der von Engeln umgebene Gott haucht dem Menschen hier durch die Berührung seines Fingers Leben ein.

Die *Stanzen* des Raffael Sanzio in den Vatikanischen Museen

Auch Päpste markieren ihr Revier, heute ebenso wie in vergangenen Epochen. Und so tat es auch Julius II., Papst von 1503 bis 1513, der größte Kunstmäzen, den die Kirche jemals hervorgebracht hat. Giulio della Rovere und seinem Ziel, nicht mit seinem Vorgänger Alexander VI. vergleichbar zu sein, sind die *Stanzen* des Raffael Sanzio zu verdanken, einer der interessantesten Abschnitte in den Vatikanischen Museen. Julius II. lehnte es ab, in den Räumen des Borgia-Fürsten zu leben, und bezog den zweiten Stock des Vatikanpalastes. Auf Bramantes Empfehlung hin beauftragte er Raffael mit der Ausmalung der vier Räume. An diesen Sälen arbeitete der Künstler aus Urbino bis zu seinem Todesjahr 1520, wobei er sich der Unterstützung zahlreicher Schüler bediente. Der Auftrag erfolgte zeitgleich zu dem Michelangelos für die Malereien in der Sixtinischen Kapelle, und tatsächlich findet man im berühmtesten Wandgemälde der Räumlichkeiten, in der *Schule von Athen*, einen Heraklit mit den Zügen Buonarrotis: eine ironische Hommage Raffaels an seinen Rivalen. Der Saal mit diesem Gemälde ist die *Sala della Segnatura*, ursprünglich die Bibliothek des Papstes. Auf diese Funktion des Raumes beziehen sich auch die Fresken, welche die drei höchsten Eigenschaften des Geistes versinnbildlichen: das Wahre, das Gute und das Schöne. Anachronismen und die Darstellung von Zeitgenossen unter dem Deckmantel historischer und antiker Persönlichkeiten sind eine Konstante in den Bildern der Gemächer des Julius. Der Papst selbst ist auf einem tragbaren Papstthron zu sehen, wie er der *Vertreibung Heliodors* beiwohnt, der biblischen Episode, nach welcher die *Stanza di Eliodoro* benannt ist. Die Ausmalung dieses Saals, zu der auch die *Messe von Bolsena* und die *Befreiung des Apostels Petrus* gehören, verdeutlicht den Schutz Gottes der auf Erden bedrohten Kirche. Einem anderen Papst, Leo X., verdanken wir die Dekoration der *Stanza dell'Incendio di Borgo* mit Darstellungen aus dem Leben zweier anderer Päpste, die mit den Zügen Leos X. dargestellt sind. An diesen Fresken war auch Giulio Romano beteiligt, der Lieblingsschüler Raffaels. Er malte die vier Episoden aus der Geschichte des Konstantin, die mit dem *Triumph der christlichen Religion* von Tommaso Laureti die *Sala di Costantino* schmücken.

148 *In der Stanza di Eliodoro malte Raffael die Befreiung des Apostels Petrus (hier eine Detailabbildung). Das Bild stellt den Schutz Gottes der Kirche dar, welche hier durch die Person des ersten Papstes verkörpert wird.*

149 *Papst Julius II. beauftragte Raffaels Lehrmeister Perugino mit der Deckenausmalung der Stanza dell'Incendio di Borgo, als diese noch der Sitz des höchsten Gerichts des Vatikans war.*

150-151 *Die Schule von Athen in der Stanza della Segnatura gilt als das grösste Meisterwerk der Vatikanischen Museen. Im Zentrum des Bildes sind Platon und Aristoteles dargestellt, die grössten Philosophen der Antike.*

Himmlische und irdische Liebe von Tizian Vecellio

152-153 *Das Gemälde* Himmlische und irdische Liebe *(Öl auf Leinwand; 118×279 cm) ist eines der Schlüsselwerke der Galleria Borghese. Wahrscheinlich wurde es 1608 von Kardinal Scipione zur Bereicherung seiner atemberaubenden Sammlung gekauft.*

Im Jahr 1899 boten die Bankiers der Familie Rothschild ganze 4 Millionen Lire, heute etwa 16.800.000,00 Euro, für den Kauf von Tizians Meisterwerk *Himmlische und irdische Liebe*, einem der bekanntesten Stücke der Galleria Borghese. Diese Summe erscheint astronomisch, vor allem im Vergleich zu dem Gebot, das die Rothschilds für die ganze Villa Borghese machten: „gerade mal" 3.600.000 Lire, also etwa 15.000.000,00 Euro. Andererseits gehört das Gemälde, das der große venezianische Maler anlässlich der Hochzeit von Nicolò Aurelio und Laura Bagarotto anfertigte (dies ist aus der Aufschrift auf dem zentral abgebildeten Sarkophag erkennbar), zu den am meisten beachteten und diskutierten Werken der Kunstgeschichte. Tatsächlich gibt es keinerlei fundierte Hinweise auf die reale Identität der beiden auf dem Bild zu sehenden Frauen, ebenso ist der Titel des Werkes nur der (moralisierende) Versuch einer möglichen Lesart des Sujets. Die Leinwand zeigt zwei einander stark ähnelnde Frauen, die jedoch sehr unterschiedlich dargestellt sind. Die Dame links im Bild trägt ein Gewand, das man mit einem Hochzeitskleid in Verbindung bringen könnte. Hinweise hierfür sind die weiße Farbe des Stoffes, der Gürtel, die Handschuhe und die Myrtenkrone, ein Symbol der ehelichen Liebe. Ebenso ist wahrscheinlich das einem Sarkophag ähnelnde Becken, auf dem die junge Frau sitzt, ein Teil der Aussteuer. Hinter ihr erkennt man in der Landschaft zwei Kaninchen, welche die Fruchtbarkeit symbolisieren, und eine im Morgenlicht glänzende Stadt. Das Spiel mit den Kontrasten setzt sich am anderen Ende des Beckens fort, wo eine zweite weibliche Gestalt sitzt. Sie ist jedoch bis auf ein rotes Tuch unbekleidet. Die rote Farbe des Stoffes, später als „Tizianrot" in der Malerei bekannt, ist ein auffälliger Kontrast zu dem hellen Weiß der ersten Frau. Auch der Hintergrund hinter der zweiten Figur ist anders gestaltet. Hier sieht man eine bukolische Landschaft im Abendlicht. Zwischen den beiden Frauen bewegt Amor das Wasser – Symbol für das Leben – im Steinbecken und verwandelt dieses auf den Tod verweisende Objekt somit in eine Art Brunnen, wodurch es zu einem vermittelnden Element zwischen Himmel und Erde, zwischen göttlicher und irdischer Liebe wird, welche die beiden Frauen verkörpern.

Der *Obstkorb* von Caravaggio

154-155 *Caravaggios Obstkorb (Öl auf Leinwand; 47×62 cm) ist die Mutter aller Stillleben. Der Kardinal del Monte schenkte das Gemälde Federico Borromeo, dem Gründer der Biblioteca Ambrosiana, wo es noch heute zu sehen ist.*

„Ich wollte ihm ein ähnliches Bild zur Seite stellen, aber da keines seine Schönheit und unvergleichliche Meisterschaft erreichte, blieb es allein“, schrieb Federico Borromeo in seiner *Musaeum Bibliothecae Ambrosianae* von 1625 über Caravaggios *Obstkorb* (*Canestra*). Einige Jahre zuvor war dem Kardinal das Gemälde, welches als das bedeutendste Stillleben der italienischen Malerei gilt, von Francesco Maria del Monte geschenkt worden. So gelangte es in die Privatsammlung Borromeos in der neu gegründeten Pinacoteca Ambrosiana, wo es noch heute zu bewundern ist. Es ist in der Tat nicht einfach, ein Bild zu finden, das neben Michelangelo Merisis Meisterwerk vom Ende des 16. Jahrhunderts, dem einzigen erhaltenen Stillleben des lombardischen Künstlers, bestehen kann. Das Außergewöhnliche dieses Werkes liegt in seiner großen Authentizität, die dem Bild einen besonderen Ausdruck verleiht, obwohl die Gattung bis heute als weniger bedeutend gilt. Caravaggio war jedoch der Meinung, „dass ein gutes Blumenbild genauso viel Können erforderat wie eine Darstellung mit Menschen“. Diese Überzeugung wird in seiner Arbeit deutlich. Der *Obstkorb*, der seit 400 Jahren jeden Stilllebenmaler inspiriert, steht in der Tat einem Porträt jener Zeit in nichts nach und besticht durch seine überwältigend realistische Darstellung. Die Details sind dabei so präzise und naturgetreu, dass sie zugleich an das Leben und an den Tod erinnern. Beim Betrachten der Früchte scheint man fast ihren Duft wahrnehmen zu können. Es ist das besondere Licht, welches das Motiv in seiner ganzen Natürlichkeit präsentiert. Es durchdringt die Bildfläche, leuchtet die Weintrauben aus und verleiht ihnen gleichermaßen Körperlichkeit und Transparenz, legt sich sanft auf den wurmstichigen Apfel und die welke Haut der Feigen. Auch die zum rechten Bildrand hin langsam vertrocknenden Blätter vermitteln dem Betrachter die Vergänglichkeit der Schönheit und des Lebens. Das geniale Schaffen Caravaggios wird in diesem Werk kraftvoll verdeutlicht: Es gelingt ihm, durch die Abbildung eines einfachen Obstkorbs die Unbeständigkeit unserer Existenz zu versinnbildlichen.

Das Gastmahl im Hause des Levi von Paolo Veronese

156-157 *Paolo Veronese vollendete sein Gemälde, das später den Titel Gastmahl im Hause des Levi erhalten sollte, zur Zeit der Gegenreformation. Aus diesem Grund wurde er 1573 vor ein Inquisitionsgericht bestellt, um sich zum Vorwurf der Ketzerei zu äussern.*

Die römische Inquisition hielt Paolo Caliari, besser bekannt als Veronese, für einen Ketzer, als dieser am 18. Juli 1573 vor ihr erscheinen musste. Man hatte ihn in die Kapelle San Teodoro bestellt, wo die Inquisition in Venedig ihren Sitz hatte, kurz nachdem der Maler ein großes, von den Dominikanermönchen des Klosters Santi Giovanni e Paolo in Auftrag gegebenes Bild vollendet hatte. Es sollte ein *Letztes Abendmahl* von Tizian ersetzen, das bei einem Brand zerstört worden war. Aber Veroneses Vorstellung des Abendmahls hatte dem Prior des Ordens nicht gefallen, und nachdem er seine Änderungswünsche geäußert hatte, musste er zu allem Überfluss noch eine schroffe Weigerung des Künstlers hinnehmen. Die aus perspektivischer Sicht perfekt auskomponierte Darstellung schien den Mönchen nicht nur pietätlos, sondern gar blasphemisch. Tatsächlich hat Veroneses Werk wenig mit der traditionellen Ikonographie des Abendmahls zu tun. Dies beginnt schon bei dem dargestellten Ambiente: ein prächtiger Palast im Stile Palladios. In einer dreibogigen Loggia tagt eine lebhafte Gesellschaft beim Bankett. Mittig sitzt Christus, flankiert von den Heiligen Petrus und Johannes. Es fehlen jedoch die restlichen Apostel, nicht einmal Judas ist zu sehen. Um die Dreiergruppe bewegt sich eine äußerst bunte Menge, die dem heiligen Abendmahl wenig Beachtung zu schenken scheint. Wie auf einer Bühne tummelt sich alles durcheinander: Narren, Spielleute, Hündchen, Pagen, Diener, Soldaten, Figuren in der zeitgenössischen Kleidung des 16. Jahrhunderts. Veroneses Antwort auf die Frage der Inquisitoren nach den Beweggründen für die Art seiner Darstellung, kann einen noch heute in Erstaunen versetzen: „Wir Maler nehmen uns die Freiheit, die auch die Dichter und Verrückten genießen". Dennoch nahm alles ein glückliches Ende, dank eines kleinen, aber wirkungsvollen Tricks: Am Bild wurde nichts verändert, außer dem Titel. Seitdem heißt das Gemälde, das man noch heute in der Accademia von Venedig bewundern kann, *Das Gastmahl im Hause des Levi*. Es bezieht sich damit auf eine Passage im Lukasevangelium, in der ein abendliches Essen im Hause des wohlhabenden Levi erwähnt wird. Am Ende dieses Mahls steht die Konvertierung Levis, der – genau wie Veroneses Gemälde – seinen Namen änderte und zu Matthäus wurde.

Apoll und Daphne von Gian Lorenzo Bernini

In Berninis *Apoll und Daphne* steckt eine atemberaubende Vitalität. Die Figurengruppe wurde zwischen 1622 und 1625 von dem damals gerade 25-jährigen Künstler im Auftrag des Kardinals Scipione Borghese entworfen. Sie gleicht einer Momentaufnahme, in der die ganze Energie einer Bewegung festgehalten wird. Daphne flieht vor Apolls Liebeswerben und wird zu ihrer Rettung in einen Lorbeerbaum verwandelt. Ihr Gesichtsausdruck schwankt zwischen Ungläubigkeit und Verzweiflung. In ihrer gestreckten Vorwärtsbewegung beginnt die Verwandlung bei ihren Füßen, die zu Baumwurzeln werden. Apoll hat sie soeben erreicht und legt eine Hand auf ihre Hüfte, die sich mit Rinde überzieht, während aus ihren zarten Nymphenfingern bereits Lorbeerblätter sprießen. In vollendeter Kunstfertigkeit gelingt es Bernini, den Figuren aus Ovids Dichtung – denn an seinen *Metamorphosen* inspiriert sich das Werk – Leben einzuhauchen; sie wirken geradezu real. Diese Skulpturengruppe kann zusammen mit den ebenfalls Bernini zugeschriebenen Werken *Aeneas und Anchises, Raub der Proserpina* und *David* immer noch an dem Ort bewundert werden, für den sie einst erschaffen wurden, in der Villa Borghese, der „Villa des Entzückens" des Kardinals. Berninis Kunst findet ihre Erfüllung, wenn Skulptur und Betrachter aufeinandertreffen. Die beinahe theatralische Pose von *Apoll und Daphne* kommt dann am besten zur Geltung, wenn man sie aus dem richtigen Blickwinkel betrachtet. Früher war sie in einem an die Kapelle angrenzenden Raum auf einem niedrigeren Sockel als heute aufgestellt. Dort traf der Blick des Betrachters zunächst auf Apolls Rücken, um dann bei seiner Umrundung auch das Objekt seiner Begierde zu sehen, dessen Kleider in ihrem Faltenwurf noch die Bewegung nachzuzeichnen schienen. Erst wenn man schließlich frontal vor der Figurengruppe stand, erkannte man auch die dramatische Wendung in der Geschichte der beiden Figuren. Die unten angebrachte Gravur sollte die Aufstellung eines weltlich inspirierten Kunstwerks im Hause des Kardinals erklären: „Wer flüchtigen Formen hinterherjagt, wird am Ende nur Blätter und bittere Beeren in Händen halten". Diese Worte stammen von Maffeo Barberini, dem späteren Papst Urban VIII. Eine *Excusatio non petita*, die dem Betrachter dieses Meisterwerks Berninis eine christlich-moralische Deutung mit auf den Weg gibt.

158 und 159 *Bernini verewigt den Schlüsselmoment der Metamorphose der von Apoll verfolgten Nymphe Daphne. Die Verwandlung greift auch auf den Marmor über, der sich unter den Händen des Künstlers in Haare, Rinde und Blätter zu verwandeln scheint.*

Paolina Borghese
von Antonio Canova

„Camillo, ich möchte Euch um einen Gefallen bitten ... Ich weiß, dass Ihr manches Mal jemandem den Blick auf meine marmorne Statue erlaubt. Ich wäre glücklich, wenn dies nicht mehr vorkäme, denn die Nacktheit der Skulptur berührt die Grenze des Unanständigen. Sie wurde zu Eurem Vergnügen erschaffen. Nun ist dies nicht mehr, weshalb es richtig ist, wenn sie anderen Blicken verborgen bleibt". Dies schrieb Paolina Bonaparte, die jüngere Schwester Napoleons, am 2. Januar 1818 ihrem Ehemann, dem Prinz Borghese. Als wäre dies nie gesagt beziehungsweise geschrieben worden, stehen heute täglich an die 2000 Menschen in der Schlange vor der Galleria Borghese an, um diese zwischen 1805 und 1808 von Antonio Canova geschaffene Marmorskulptur zu bewundern, die „aussieht wie echtes Fleisch". Der Künstler aus Possagno hatte Paolina im Auftrag ihres Gatten halb entblößt und elegant auf einer Chaiselongue liegend verewigt, bekleidet mit dem (kaum vorhandenen) Kostüm der *Siegreichen Venus*. Das Werk verursachte reichlich Aufregung, Überraschung und einen regelrechten Skandal in der römischen Aristokratie. Indem Canova die Prinzessin Borghese als Gottheit darstellte, wie er es bereits mit dem Porträt ihres Bruders als friedbringender Mars getan hatte, zelebriert Canova den Glanz der Familie Bonaparte. Zugleich wertet er damit gewissermaßen auch die Sammlung Borghese wieder auf, die kurze Zeit vorher um 344 Stücke aus der archäologischen Sammlung erleichtert wurde. Besagter Camillo hatte sie ohne jede Vergütung seinem Schwager Napoleon überlassen müssen, noch heute bilden sie den Kern der griechischen Sammlung im Louvre.

Um dem Betrachter einen besseren Blick auf das Kunstwerk zu ermöglichen, welches noch heute als der Höhepunkt des Neoklassizismus gilt, baute Canova eine versteckte Drehvorrichtung in den Sockel der Skulptur ein. Heute wird er nicht mehr benutzt, da Canovas Werk in der Galleria Borghese so positioniert steht, dass man es von allen Seiten betrachten kann. Bereits seit 1889 steht die *Siegreiche Venus* in der Mitte des ersten Saals, bekannt auch als *Sala della Paolina*, wo man bequem ihre Leuchtkraft und Plastizität bewundern kann, die Canova dem Marmor mit dem Auftrag einer dünnen Wachsschicht verliehen hat.

160-161 *Canova verewigte die fünfundzwanzigjährige Paolina Borghese in einem einzigen Block Carrara-Marmor. Die neoklassizistische Skulptur in Lebensgrösse (92×200 cm) stammt aus dem Jahr 1889 und ist das Symbol der Galleria Borghese.*

Orte und Landschaften: das große Schauspiel Italiens

„Die Landschaft ist der Atem unserer Seele", Worte des Oscarpreisträgers Roberto Benigni zu Artikel 9 der italienischen Verfassung („Die Republik fördert Kultur sowie wissenschaftliche und technische Forschung. Sie schützt die Landschaft sowie das historische und künstlerische Vermächtnis der Nation"), der weltweit ersten, die den Landschaftsschutz unter die obersten Prinzipien des Staates erhob. Denn, um es noch einmal mit Benigni zu sagen, die italienische Landschaft „spiegelt sich in den Augen, dem Geist und der Erinnerung der ganzen Welt in den größten Werken der Malerei und Literatur". Kulturgut und Landschaft verbindet eine äußerst enge Beziehung, welche Italien über die Jahrhunderte geprägt und die Identität des Landes geformt hat. Denn Landschaft und Kultur waren, genau wie die Sprache des Bel Paese, schon lange vor der Einheit des Landes im Jahr 1861 „italienisch". Bereits die Reisenden der Grand Tour, einer seit Beginn des 17. Jahrhunderts von jungen Aristokraten aus ganz Europa unternommenen Bildungsfahrt, konnten hiervon Zeugnis ablegen, ebenso wie die Pilger des Mittelalters, die das Land auf der Via Francigena in Richtung Rom durchquerten, um das Grab des Petrus zu besuchen.

Mit unserer Reise quer durch die schönsten italienischen Landschaften möchten wir genau diesen Zauber und das Erstaunen der Reisenden aus der Vergangenheit wieder zum Leben erwecken, damit jeder sich das bezaubernde Freilichtmuseum Italien erschließen kann, in dem die Beziehung von Mensch und Landschaft zahlreiche Regionen von unvergleichlichem Charme und außergewöhnlicher Vielfalt geschaffen hat.

Wir beginnen die Reise bei der atemberaubenden Schönheit der geografischen Grenze des Landes: Im mächtigen Schatten des Monte Rosa haben bis heute die Kultur und die Traditionen der Walser überlebt, an den steilen Hängen des Mont Blanc wurde seit 1786 die Geschichte des Bergsteigens geschrieben, und das Matterhorn wurde mit seiner von anderen Gipfeln isolierten Pyramidenform zu einer echten Legende. Ganz zu schweigen von den Dolomiten und ihrer Sinfonie aus Spalten, Spitzen, Zinnen und Zähnen, die von den atmosphärischen Kräften im Laufe der Jahrhunderte zu einem Meisterwerk der Natur geformt wurden, das Le Corbusier als die „schönste Architektur der Welt" bezeichnete.

Die italienischen Seen, die zahlreichsten in Südeuropa, sind die lebendige Zusammenfassung einer Landschaft aus Wasser und Bergen, in welcher der Mensch wertvolle Zeichen hinterlassen hat. Wie zum Beispiel die Villen zwischen Cernobbio und Bellagio, die sich im Comer See spiegeln, oder die Ufer des Gardasees, an denen der Dichter Gabriele D'Annunzio seinen monumentalen Wohnsitz errichtete, in dem er bis zu seinem Lebensende residierte. Häufig mischen sich auf diese Weise Erinnerungen aus der Literatur mit landschaftlichen Eindrücken. Wie könnte man zum Beispiel beim Anblick der Langhe nicht an Cesare Pavese denken, der sie in seinem Werk so eindrücklich beschrieben hat? Diese bäuerliche Gegend mit ihren Weinstöcken, dieses Meer aus sanften Hügeln an der Grenze von Monferrato und Roero, erinnert im Kontrast an eine andere: die Cinque Terre, wo die Reben auf den zum Meer abfallenden Hügeln mit ihren

Terrassenanlagen wachsen. Hier finden die fünf Dörfer, die wegen ihres kulturellen und landschaftlichen Werts von der UNESCO zum Weltkulturerbe erklärt wurden, gerade noch Platz.
Und wieder ist es die Beziehung zwischen Mensch und Natur, die eine andere traumhafte Landschaft prägt: Das Valle d'Itria spiegelt auf ganz eigene Weise die italienischen Nationalfarben wider. Hier ist das Weiß die Farbe der Trulli und der weiß getünchten Bauernhäuser, das Grün findet sich in Olivenbäumen und Weinstöcken und das Rot in der lehmigen Erde, in der diese wachsen. Der prähistorischen Zeit wiederum entspringt der Charme eines anderen Landschaftswunders, der Sassi di Matera. Diese in den Tuffstein gehauene Stadt, die von der Altsteinzeit an bis heute ohne Unterbrechung bewohnt wird, wurde zum Schauplatz einer anderen wichtigen Begegnung, nämlich der von Landschaft und Kino. Hier drehte Pier Paolo Pasolini sein filmisches Meisterwerk das 1. Evangelium – Matthäus *und machte Italien zu einem bedeutenden Set des Autorenkinos, das auch zur Bekanntheit weiterer Naturwunder beitrug. Unvergessen bleiben zum Beispiel die Aufnahmen des sowjetischen Regisseurs Andrej Tarkovskij von Bagno Vignoni im Val d'Orcia, einer vom Menschen auf der Suche nach Schönheit geformten Landschaft, in der die Verbindung von Kunst und Natur einen wahren Höhepunkt erreicht. Aufgeladen mit metaphorischer Bedeutungsschwere ist die Landschaft wiederum in dem Film* die mit der Liebe spielen *des großen Regisseurs Michelangelo Antonioni: Die Filmkamera erforscht hier die karge Mondlandschaft der Äolischen Insel Lisca Bianca und verwandelt die vulkanischen Felsen in ein Abbild der menschlichen Seele. Wenn man von Naturwundern spricht, spielen die Inseln natürlich eine Hauptrolle. Sie sind die Rebellen der italienischen Landschaft, wunderschön, aber nur schwer zu zähmen. Sogar das mondäne Capri, die wohl bekannteste unter ihnen, überrascht mit der urtümlichen Anziehungskraft seiner Landschaft, die mit ihren einsamen Pfaden über dem Meer starke Emotionen weckt. Auch das Maddalena-Archipel darf nicht vergessen werden, das eine Art Quintessenz mediterraner Schönheit darstellt, ebenso wenig wie die Pontinischen Inseln Ponza und Ventotene, die sich von ehemaligen Stätten des Exils zu beliebten Urlauszielen verwandelt haben für alle, die sich nach Farbe und Ruhe sehnen.*
Wer das Staunen einstiger Reisender nachempfinden möchte, wird an der Amalfiküste nicht enttäuscht werden, denn sie hält nach wie vor überwältigende Anblicke bereit: Steile Treppen, gewundene Gässchen, Felsen und über das Meer herausragende Balkone machen sie zu einer ebenso schwierig zu erobernden wie beeindruckenden Gegend, einzigartig in ihrer Symbiose aus Natur und Architektur. Diesen Zauber kann man auch in Portofino auf der berühmtesten Piazzetta der Welt und in San Gimignano erleben, dem Manhattan des Mittelalters, das heute noch von den mächtigen Turmhäusern und ihren Schatten geprägt wird. Auch hier beeindruckt die Harmonie des urbanen Raums mit der Landschaft der Umgebung: Das ist eben das Geheimnis der italienischen Landschaft, die sich heute wie damals „in den Augen, dem Geist und der Erinnerung der ganzen Welt“ widerspiegelt.

164-165 Der Catinaccio und die Vajolet-Türme bilden die Kulisse hinter den Hängen von Larsec, der Wiege des Bergsteigens im Val di Fassa. Diese Gipfel sind für die besondere Färbung bekannt, die sie im Morgengrauen und bei Sonnenuntergang annehmen.

165 Die spektakulären Felsformationen der Pale di San Martino sind eine der neun Berggruppen, die von der UNESCO zum Weltkulturerbe erklärt wurden.

Die Dolomiten: Wo die Natur zur Legende wird

„Die schönste Architektur der Welt", so bezeichnete Le Corbusier die Dolomiten. Die beeindruckenden Berge zwischen Südtirol, Venetien und Friaul-Julisch Venetien stiegen vor 30 Millionen Jahren aus dem Tethysmeer empor. Mittels Erosion wurden Ablagerungen und lose Schichten von den Spitzen abgetragen und durch Vergletscherung entstanden die sanften Täler, Hochebenen und Felsspitzen, welche diese Landschaft so einzigartig machen. Aber das wahre Geburtsdatum der Dolomiten ist das Jahr 1789, als der französische Naturforscher Dieudonné de Dolomieu den Dolomit entdeckte, ein perlmuttfarbenes Gestein aus Karbonat, Kalzium und Magnesium. Bis zu diesem Zeitpunkt, als das Gebirge nach dem Entdecker des Gesteins benannt wurde, hatte man es als die *bleichen berge* bezeichnet, die einer Legende zufolge durch einen Zauber mit Mondlicht bedeckt waren. Es genügt, sie einmal zu betrachten, um all die Mythen und Geschichten zu begreifen, die um die steinernen Giganten verbreitet wurden. Bei ihrem Anblick kann man tatsächlich in einen fast mystischen Rausch geraten: Von den Pyramiden von Segonzano (20 Meter hohe Erdformationen, die an die Erdpfeiler im fernen Kappadokien erinnern) bis zum Cimon della Pala (die beeindruckendste aller Bergspitzen der Palagruppe von San Martino, über dem Rollepass gelegen) löst das Gebirge ein Crescendo der Emotionen aus. Der landschaftliche Höhepunkt sind die Drei Zinnen von Lavaredo in den Sextener Dolomiten, die als wahre Fundgrube der Geologie und als Eldorado aller Bergsteiger gelten. Einen atemberaubenden Blick kann man von der Punta Rocca genießen, gelegen auf der Marmolata, dem mit 3343 Metern höchsten Berg der Dolomiten, wo 2011 die höchste Terrasse der östlichen italienischen Alpen eingeweiht wurde. Dies ist der beste Platz, um die Berge Sella, Sassolungo, Pelmo und Civetta zu bewundern. Um allerdings die Sonne über der Marmolata und den Tofanen auf- und untergehen zu sehen, sollte man sich in die Berghütte Lagazuoi über dem Falzaregopass begeben, die auf halber Strecke zwischen Cortina und dem Gadertal liegt, wo es bezaubernde Sternerestaurants und Beautyfarmen gibt.

166-167 Das Alta Val Badia liegt mit seinen Ortschaften Colfosco, Corvara, La Villa, San Cassiano, Pedraces, San Leonardo und La Val im Herzen der Dolomiten. In den letzten Jahren wurde hier viel für den Tourismus getan.

167 Der Sassolungo (3181 Meter) ist die Hauptspitze des gleichnamigen Massivs, das sich zwischen der Sella-Gruppe und der Catinaccio-Gruppe erstreckt und die Grenze zwischen dem Grödnertal und dem Val di Fassa bildet.

168-169 *Die Ostwand des Monte Rosa ist mit ihren 4600 Metern die höchste der ganzen Alpen. Sie erhebt sich am Ende des Valle Anzasca, des Tals, in welchem der alte Walser-Ort Macugnaga liegt.*

Der Monte Rosa: der Berg der Walser

Man muss den Monte Rosa (4634 Meter) mit den Augen der damaligen Zeit betrachten, um die Geschichte der kleinen Volksgruppe der Walser zu verstehen, die von dem kulturellen Reichtum eines der höchsten Berge der Alpen zeugt. Die Walser sind alemannischen Ursprungs und stammen aus dem hohen Wallis, von wo aus sie sich im 12. und 13. Jahrhundert in verschiedene Regionen des Alpenraums verbreiteten. Aus dem in jener Zeit überbevölkerten Wallis zogen sie auf der Suche nach Weideflächen und Ackerland in die Hochtäler. Was heute als ein kaum zu bewältigendes Unterfangen erscheinen mag, war seinerzeit möglich, da viele der Alpenpässe damals frei von Eis und zu Fuß oder mit Karren zu begehen waren. So kam es, dass die Walser-Kolonien isolierte Gebiete im Piemont und im Aostatal erreichten, wo sie die ersten italienischen Ortschaften gründeten. Wahrscheinlich kamen sie über den zwischen dem gleichnamigen Tal und dem Mattertal gelegenen Pass Colle del Lys ins Wallis, oder über den Theodulpass, zwischen dem Mattertal und dem Valtournenche. Anschließend nahmen sie den Pass Colle Superiore delle Cime Bianche und den Pass Bettaforca zwischen dem Val d'Ayas und dem Valle del Lys und erreichten schließlich das Valsesia und das Valle Anzasca, das Val d'Ossola und das Val Formazza. Wohin sie auch kamen, taten sie Gutes. Die unermüdlichen Arbeiter errichteten kleine Siedlungen aus Holz- und Steinarchitektur, die noch heute jeden verzaubern, der nach Alagna, Gressoney oder Macugnaga kommt. In diesen Ortschaften vermochten die Walser ihre Kultur am besten zu bewahren. Ähnlich und doch anders sind die Bewohner der Siedlungen auf dem Monte Rosa, die zu einer interessanten Quelle für zahlreiche Ethnologen wurden. Je nach Ortschaft verändert sich sogar ihre Sprache, der ein archaisches Deutsch zugrunde liegt. Während man also in Gressoney-Saint-Jean Titsch spricht, benutzt man in dem nur wenig tiefer gelegenen Issime den Dialekt Töitschu, der sich in Alagna, Rima und Rimella in Titzschu verwandelt. Eine Sprachenvielfalt wie im alten Babel, die sich auch in den unterschiedlichen farbenprächtigen Trachten ausdrückt. Als Gelegenheit, die Besonderheiten dieser archaischen Kultur kennenzulernen, bietet sich das alle drei Jahre stattfindende „Walsertreffen“ an. Bei der großen Versammlung, die stets in einer der antiken Alpensiedlungen stattfindet, wird jedes Mal der jahrhundertealte Zusammenhalt neu bekräftigt.

170-171 *Die 1893 errichtete Berghütte Regina Margherita steht auf der Punta Gnifetti, dem höchsten Gipfel des Valsesia (4554 Meter). Hier befindet sich auch ein wichtiger physikalisch-meteorologischer Beobachtungspunkt.*

171 *Die Kultur der Walser ist in der Gegend von Alagna tief verwurzelt. Der alemannische Volksstamm kam zwischen dem 12. und 13. Jahrhundert aus Macugnaga über den Türlepass in das Valsesia.*

172-173 Die Hänge des Matterhorns zeigen in alle vier Himmelsrichtungen. Im Norden befindet sich Zermatt, im Osten sieht man den Gornergletscher, im Süden liegt Breuil-Cervinia und im Westen der Berg Dent d'Hérens.

Das Matterhorn: Platz für Eroberung

In der Mundart des Valtournenche nennt man es den „großen Berg“: Das Matterhorn hat keine Probleme sich bemerkbar zu machen, mit seinen 4478 Metern ist es allgegenwärtig. Seine unverwechselbare Pyramidenform wird ihm von seinen in alle vier Himmelsrichtungen ausgerichteten Wänden verliehen. Im Vergleich mit anderen Gipfeln steht es isoliert, was das Matterhorn zum Berg schlechthin macht, zu einem absoluten Mythos in der Geschichte des Bergsteigens. Zwischen 1861 und 1865 befanden sich der Engländer Edward Whymper und Jean Antoine Carrel aus dem Aostatal im Rennen um die Erstbesteigung. Nach unzähligen missglückten Versuchen gewann am 14. Juli 1865 schließlich Whymper, der die Spitze über die schweizerische Seite bezwang und dabei eine Route über den Hörnligrat eröffnete. Drei Tage später folgte ihm Carrel, der eine weitaus schwierigere Route aufmachte. Er ging von Breuil über den an der italienischen Seite gelegenen Liongrat, wo im Jahre 1969 auf 3830 Meter Höhe eine Hütte eröffnet und nach ihm benannt wurde. Bis heute wagen sich nur die erfahrensten Bergsteiger hierher. Seit 1936 haben sich die zu erobernden Gebiete des Matterhorns verändert: Nach dem Bau der ersten Seilbahn von Breuil nach Plan Maison verwandelte sich die Alm von Breuil in eine Skipiste. Wenige Jahre später erweiterte man die Strecke bis zum auf 3480 Meter gelegenen Plateau Rosa. Hier kommt heute die Seilbahn an, welche die Cime Bianche (2810 Meter) mit Testa Grigia an der Westgrenze des Gletschers verbindet. Wer an dieser Station ankommt, kann seinen Blick über die großen Viertausender schweifen lassen, vom Matterhorn zum Mont Blanc, vom Gran Paradiso zum Monte Rosa. Auch die Schweizer Spitzen im Wallis und den Monte Viso kann man erkennen. Mit den Skiern an den Füßen dauert das Schauspiel die ganzen 160 Kilometer der insgesamt 66 Pisten des Gebiets Breuil-Cervinia Valtournenche lang an. Wenn man die Strecke von Zermatt dazurechnet, kommt man sogar auf 360 Kilometer. Breuil-Cervinia Valtournenche gehört zu den größten Skigebieten im ganzen Alpenraum und zählt zu seinen Abfahrten unter anderem die berühmte Ventina: 11 Kilometer Panorama-Piste, die vom Plateau Rosa bis zum Dorf Cervinia (2050 Meter) führen.

Ihre Hoheit, der Mont Blanc

Das nach Restaurierungsarbeiten 2013 neu eröffnete Museo Alpino Duca degli Abruzzi, das 1929 von Luigi Amedeo di Savoia erbaut wurde, ist genau der richtige Ort, um sich dem Mont Blanc zu nähern. Die kleine Ausstellung in der Casa delle Guide di Courmayeur erzählt viel von der großen Leidenschaft, die gestern wie heute die Beziehung zwischen den Menschen und dem höchsten Berg der Alpen und ganz Westeuropas (4810 Meter) noch immer unverändert prägt. Es ist kein Zufall, dass gerade hier 1850 die erste Bergführergesellschaft Italiens gegründet wurde. Vor ihr gab es nur eine weitere in Chamonix, der französischen „Hauptstadt" des Mont Blanc. Der Berg erstreckt sich in den Grajischen Alpen über eine Länge von 36 Kilometern und eine Breite von über 15 Kilometern. Man erblickt ihn erst im letzten Moment, wenn man in Courmayeur ankommt, da er vorher von anderen niedrigeren Spitzen verdeckt wird. Aber beim Anblick des immer eingeschneiten Riesen sind diese schnell vergessen. Hier findet man einige der steilsten Gipfel der Alpen, wie den Dente del Gigante, die Grandes Jorasses und die Aiguille Noire de Peuterey. Letztere steigt aus dem Val Veny empor, einem der beiden zu Füßen des Massivs liegenden Täler, das oben am Brenva-Gletscher entlang verläuft, dem höchsten Gletscher der Alpen. Im Val Veny befindet sich auch ein Skigebiet, das an das von Checrouit angeschlossen ist. Hier kann man den Berg auf Skiern auf über 100 Kilometern Piste erkunden. Das andere Tal, das den Mont Blanc im Osten begrenzt, ist das zu Füßen der Grandes Jorasses ausgestreckte Val Ferret. Dieses sehr viel lieblichere Tal ist im Sommer ein beliebtes Ausflugsziel, während es im Winter vor allem die Freunde des Langlaufs anlockt, die sich auf den schönen Pisten des kleinen Ortes Planpincieux tummeln. Ohne größere Anstrengung lässt sich das Dach Europas mit der Seilbahn erreichen, die von La Palud (1325 Meter) auf die Aussichtsplattform Le Pavillon (2173 Meter) fährt. Hier in der Nähe befindet sich der botanische Garten Saussurea, der höchstgelegene Europas, in dem man die Pflanzenwelt des Mont Blanc kennenlernen kann und von wo aus man einen atemberaubenden Blick auf die umliegenden Berge und ihre Täler hat.

174 DAS MASSIV DES MONT BLANC UMFASST EINIGE DER HÖCHSTEN GIPFEL DER GESAMTEN ALPEN, DAZU GEHÖRT AUCH DIE L'AIGUILLE NOIRE DE PEUTEREY (3773 METER), DIE SICH BEEINDRUCKEND VON DEN WIESEN DES VAL VENY ERHEBT.

174-175 DER MUR DE LA CÔTE, SPITZE DES MONT BLANC (4810 METER), AUS DER UMGEBUNG DES COL DE LA BRENVA GESEHEN. DIE ERSTBESTEIGUNG GELANG MICHEL PACCARD UND JACQUES BALMAT IM JAHR 1786.

176-177 DAS BESONDERE PROFIL DES DENTE DEL GIGANTE (4014 METER), DER SICH ZWISCHEN ITALIEN UND FRANKREICH IM NÖRDLICHEN TEIL DES MONT-BLANC-MASSIVS ERHEBT. DIE BESTEIGUNG DIESES GIPFELS SPIELT IN DER GESCHICHTE DES ALPINISMUS EINE BESONDERE ROLLE.

177 VOM AIGUILLE DE ROCHEFORT (4001 METER) AUS, DER DEN DENTE DEL GIGANTE MIT DEM COL DES JORASSES VERBINDET, KANN MAN DAS VIELLEICHT SPEKTAKULÄRSTE PANORAMA DES GESAMTEN MONT-BLANC-MASSIVS GENIESSEN.

Palmanova, ein Stern von einer Stadt

Ein Stern, der aufstieg, um sich gegen den Halbmond zu verteidigen. Die Geschichte über den Ursprung von Palmanova liest sich fast, als würde vom Krieg der Himmelsgestirne berichtet. Tatsächlich war es die Angst vor einer türkischen Invasion, die zum Bau einer der gemäß den Idealen der Renaissance bedeutendsten Städte führte. Um einen Angriff aus dem Osten abzuwehren, entschied sich die Republik Venedig zur Errichtung einer uneinnehmbaren Festungsstadt. Den Auftrag zum Bau dieser einzigartigen Anlage erhielt Vincenzo Scamozzi aus Vicenza. Am Jahrestag des Sieges von Lepanto, am 7. Oktober 1593, legte man den Grundstein für die geometrisch perfekte Stadt: ein neunzackiger Stern, gebildet aus den etwa sieben Kilometer langen Befestigungsanlagen, die komplett von einem Graben sowie einer zweiten Bastionsreihe umgeben sind. Napoleon ließ später einen dritten Ring darum errichten. Die Zahl drei und ihre Vielfachen spielen eine wichtige Rolle bei der gesamten Bauplanung: neun Zacken, drei Mauerkreise, drei Eingangstore (Porta Udine, Porta Cividale, Porta Aquileia), acht Radialstraßen, von denen sechs in den sechseckigen Hauptplatz münden. In der Mitte der Piazza d'Armi (oder auch Piazza Grande) steht ein sechseckiger Block aus istrischem Stein, auf dem sich die Standarte erhebt. Am besten lässt sich die perfekte Geometrie der Anlage aus der Luft bewundern. Vom Boden aus ist Palmanova gewollt unsichtbar, da es unter der Horizontlinie und fern von Bergen und Hügeln errichtet wurde, um sich in der flachen Ebene den Blicken möglicher Invasoren zu entziehen. Invasoren, die sich – Ironie des Schicksals – weder im 16. Jahrhundert noch später, als hier zahlreiche Kasernen zum Schutz der Ostgrenze unterhalten wurden, jemals vor der Stadt blicken ließen. Nachdem die Militäreinrichtungen nach dem Ende des Kalten Krieges abgebaut wurden, sind die Gebäude heute Bestandteil der Wiedergeburt des städtischen Lebens. Nach einer zweckmäßigen Nutzungsumwandlung beherbergen etwa die ehemaligen Standorte Montesanto und Polveriera Napoleonica Ausstellungen und Veranstaltungsräume für Kulturevents.

178-179 Am besten kann man Palmanova von oben bewundern. Das Herz der Stadt im Friaul ist die Piazza d'Armi (Waffenplatz). Sie erhielt diesen Namen, da sich hier einst die venezianischen Soldaten für Militärübungen sammelten.

180-181 *Zu Füssen des Monte Baldo liegt Torbole an der Nordspitze des Gardasees im Trentino. Dank der Winde Ora und Pelér ist der Ort eines der beliebtesten europäischen Windsurf-Reviere.*

181 *Das Städtchen Sirmione lebt in einer innigen Symbiose mit dem Wasser, aus dem sich die zinnengekrönten Mauern der im 13. Jahrhundert von Mastino della Scala errichteten Festung zu erheben scheinen.*

Garda: eine mediterrane Illusion

Im Herzen Norditaliens, zwischen der Lombardei, Venetien und Trient findet man ein Fleckchen Mittelmeer. Vielleicht sind die Deutschen, Engländer, Belgier und Niederländer deshalb so begeistert vom Gardasee. Mit seinen 370 Quadratkilometern Fläche und den 158 Kilometern überraschend vielseitiger Küste ist er der größte der italienischen Seen. Im Norden scheint der Benaco – unter diesem Namen war der See bei den alten Römern bekannt – fast ein Fjord zu sein, so schmal verläuft er zwischen den steilen Hängen des Monte Baldo. Aber gen Süden werden die Berge flacher und er breitet sich zwischen lieblichen Hügelmoränen aus. Das milde Klima dieser Region hat dem Gardasee eine Zitronenriviera geschenkt, die am Westufer zwischen den Ortschaften Limone und Salò verläuft, und am Ostufer eine Olivenriviera, wo seit Jahrhunderten Öl hergestellt wird. Auch die übrige Vegetation ist mediterran: Man sieht Palmen, Magnolien, Bougainvillea, Steineichen, Lorbeerbäume und Zypressen. Auch auf der Punta San Vigilio, einer Landzunge am Veroneser Ufer, stehen zahlreiche Zypressen. Dieser möglicherweise romantischste Ort des Gardasees wurde in der Vergangenheit von großen Persönlichkeiten wie Churchill, Vivian Leigh und Lawrence Olivier besucht. Hier befindet sich auch die aus dem 16. Jahrhundert stammende Villa Guarienti, eine der schönsten Residenzen des Sees. Die berühmteste und am meisten besichtigte unter den Villen jedoch ist mit Sicherheit der Vittoriale degli Italiani, der monumentale Wohnsitz Gabriele D'Annunzios – ein wahrer Spiegel seiner Persönlichkeit – in Gardone Riviera, wo der Schriftsteller seine letzten Lebensjahre verbrachte. Der Familie Catulls, eines weiteren Dichters, soll eine römische Villa gehört haben, deren Überreste man auf der Halbinsel Sirmione an der Südküste des Sees besichtigen kann und die heute als „Grotten des Catull" bekannt sind. Der Ort ist seit 1898 auch für seine Thermen bekannt, die dank ihres schwefel- und mineralstoffhaltigen Wassers eine erwiesene therapeutische Wirkung haben. Sportler zieht es hingegen eher an den Norden des Sees, wo er sich in einen Windkanal verwandelt. Besonders geschätzt wird dies natürlich von Windsurfern, die in Malcesine, Riva del Garda und Torbole ideale Wind- und Wellenverhältnisse für ihre Bretter finden.

182-183 *Die Ortschaft Griante befindet sich am Westufer des Comer Sees, das auch Tremezzina genannt wird. Im Hintergrund ist die Landzunge der Halbinsel Lavedo zu erkennen, auf deren Spitze die Villa del Balbianello steht.*

183 *Die Villa del Balbianello wurde 2002 eine faszinierende Kulisse für George Lucas' Film Star Wars II – Angriff der Klonkrieger. Vier Jahre später drehte man hier einige Szenen von Casino Royale.*

Die drei Arme des Comer Sees

Auf der Spitze der Halbinsel Dosso di Lavedo, die sich in den Comer See streckt, fand der Entdecker Guido Monzino seinen Everest: In der Villa del Balbianello sammelte er die Erinnerungsstücke eines Lebens voller Herausforderungen und Abenteuer. Heute ist das Anwesen ein Museum und dem Publikum zugänglich, das von hier aus einen bezaubernden Blick auf das idyllische Panorama des Comer Sees (der drittgrößte See Italiens) mit seinen prächtigen Villen an den Uferhängen und auf seine einzige Insel, die Isola Comacina, genießen kann. Fährt man von hier aus in Richtung der Südspitze des nach Como zeigenden Arms, trifft man auf die Orte Laglio und Cernobbio, wo die Villa d'Este steht. Das im 16. Jahrhundert von der Familie Gallio errichtete Gebäude wurde später in eines der berühmtesten Hotels der Welt umgewandelt. Schließlich kommt man nach Como, in das auch aus historischer und architektonischer Sicht bedeutendste Zentrum der Gegend. Neben dem beeindruckenden Dom mit gotischer Fassade gibt es hier zahlreiche Kirchen, mittelalterliche Bauten und die rationalistische Architektur Giuseppe Terragnis zu bewundern. Aber das eigentliche Herz des Comer Sees schlägt dort, wo sich seine beiden Arme treffen und sich eine atemberaubende Aussicht auf den See bietet, der eingebettet in die grüne Umarmung der umliegenden Berge daliegt. Ende des 19. Jahrhunderts war hier ein beliebter Treffpunkt der internationalen Aristokratie. Hier liegen Bellagio, die gute Stube des Sees mit den bezaubernden Villen Melzi und Sebelloni; Tremezzo mit der Villa Carlotta, deren botanische Parkanlagen berühmt sind für die prächtige Frühlingsblüte ihrer Azaleen und Rhododendren; und Varenna mit seinen bunten Häusern und der opulenten Villa Monastero. Von Varenna aus beginnt man am besten die Entdeckungstour des „Arms des Comer Sees, der nach Süden zeigt" und durch den Schriftsteller Manzoni zu Weltruhm gelangte. Die Landschaft wird hier bestimmt von den Profilen ihrer Berge, den Gipfeln aus Dolomitgestein der Grigna und des Resegone. In Richtung Norden hingegen eröffnet sich der spektakuläre Anblick des Alto Lario, der breitesten Stelle des Sees, wo die Berge immer höher emporsteigen und mit dem Monte Legnone am Ostufer sogar eine Höhe von 2608 Metern erreichen. Zu seinen Füßen befindet sich in der Gegend von Colico eines der schönsten Monumente des Sees: die im 12. Jahrhundert gegründete Zisterzienserabtei Piona auf der Halbinsel Olgiasca.

184-185 *Bellagio liegt genau dort, wo die beiden Arme des Comer Sees aufeinandertreffen. Der Ort gilt als die Quintessenz der Schönheit dieser Gegend. Zeugnisse einer langen Tradition des lokalen Tourismus sind die bezaubernden Anwesen Villa Melzi und Villa Serbelloni.*

185 oben *1568 als Sommerresidenz für Kardinal Tolomeo Gallio erbaut, ist die Villa d'Este im Laufe der Zeit auch im Besitz von Caroline von Braunschweig gewesen, der Gemahlin von König Georg IV von England. 1873 wurde die Villa d'Este in ein Hotel umgewandelt.*

185 unten *Der zentral an der Westküste gelegene Ort Menaggio ist wohl der bekannteste des Comer Sees; Freunde des Wassersports schätzen seinen kleinen Touristikhafen und den gut ausgerüsteten Lido.*

Die Borromäischen Inseln: eine Einladung in den Palast

Die Isola Bella, die bekannteste der drei Inseln des kleinen Archipels im Lago Maggiore, ist eine wahre Ode an die Liebe. Ihren Namen, der übersetzt „Schöne Insel" bedeutet, bestimmte Carlo III. Borromeo zu Ehren seiner Frau Isabella. Und die Liebe zur Schönheit ist auf diesem bezaubernden Schmuckstück von 320 Metern Länge und 180 Metern Breite wirklich überall zu sehen. Die Insel wird vollständig von einem prachtvollen Barockpalast und seinen zeitgleich angelegten beeindruckenden Gartenanlagen eingenommen, die eine überwältigende Einheit mit dem Bau bilden. Wenn man mit der Fähre von Stresa aus ankommt, taucht die Insel wie ein großes, die Wasser des Sees teilendes Marmorschiff aus dem Lago Maggiore auf. Von März bis September ist sie zudem von blühenden Sträuchern und kunstvollen Bepflanzungen üppig bewachsen. Der Palast ist heute mehr denn je einen Besuch wert, da kürzlich seine Gemäldegalerie neu eröffnet wurde, in welcher 130 Meisterwerke ausgestellt sind. Neben dem bedeutenden künstlerischen Erbe der Inseln kann man hier Meisterwerke des lombardischen Barocks sowie Kopien großer Meister der Vergangenheit bewundern. Der Rundgang durch die Geschichte setzt sich dann im sogenannten Thronsaal und den folgenden, mit antiken Möbeln, Statuen und Teppichen ausgestatteten Räumlichkeiten fort. Weiterhin locken die künstlich angelegten Grotten der Insel mit ihrer maritimen Dekoration. Nicht weniger grandios ist der barocke Garten, der in zehn pyramidenartig gestaffelten Terrassen angelegt ist und seinen Höhepunkt in der Statue eines von Amor gerittenen Einhorns, dem Wappentier der Familie Borromeo, findet. Die botanische Leidenschaft verbindet die Isola Bella mit der größten der Borromäischen Inseln, der Isola Madre. Einst wurde sie zum Obstanbau genutzt, um dann zum Beginn des 19. Jahrhunderts in einen romantischen englischen Park umgewandelt zu werden. Die blühenden Kamelien, Glyzinien, Azaleen und botanischen Gärten, in denen neben Pflanzen aus allen Breitengraden auch Pfauen, Papageien und Fasanen leben, locken jedes Jahr unzählige Pflanzenfreunde hierher. Ein kleiner Schatz ist auch der Palast aus dem 16. Jahrhundert, wo man dank der liebevollen Rekonstruktion der ursprünglichen Einrichtung mit wertvollen Erbstücken aus verschiedenen Besitzungen der Familie Borromeo erneut in die Vergangenheit abtauchen kann.

186-187 *Im barocken Palazzo Borromeo auf der Isola Bella waren zahlreiche historisch bedeutsame Persönlichkeiten zu Gast, darunter auch Napoleon Bonaparte, der hier 1797 mit seiner ersten Ehefrau Joséphine de Beauharnais verweilte.*

187 *Die auch als Isola dei Pescatori bekannte Isola Superiore ist die einzige ganzjährig bewohnte der Borromäischen Inseln. Die Früchte des Fischfangs kann man in den typischen Trattorien mit Blick auf den See geniessen.*

Zwischen den Weinreben der Langhe

An keinem anderen Ort als in den Langhe konnte die erste Italienische Akademie des Geschmacks (Accademia del Gusto Italiana) entstehen. Die „Universität des Genusses" wurde 2004 eingeweiht und befindet sich in der von Carlo Alberto erbauten königlichen Residenz in Pollenzo, zwischen Bra und Alba, also zwischen der Wiege des Slow Food und der Heimat Ihrer Majestät der weißen Trüffel. Die Verbindung von Kunst, Architektur und herausragender Gastronomie macht diese Gegend so einzigartig. Um das Wesentliche dieses Südzipfels des Piemonts zu erfassen, empfiehlt sich eine der angebotenen Touren im Heißluftballon. So kann man voller Erstaunen auf ein Meer von Hügeln herabschauen, die von Weinstöcken überzogen und mit Schlössern und Türmen gesprenkelt sind und um die sich zeitlose kleine Dörfer drängen. Nach der Landung sollte man dem fruchtbaren Boden dieser Gegend die Ehre erweisen. Anfangen könnte man hiermit zum Beispiel in Alba, der Stadt der hundert Türme, die in der ganzen Welt für ihre Trüffel bekannt ist. Im November ist diese köstliche Delikatesse der Star der berühmtesten (und teuersten) Gastronomie-Messe Italiens. Aber die Langhe sind auch berühmt für ihre guten Weine, allen voran für den Barolo, den „Wein der Könige und König der Weine". Er wird in ganzen 13 Ortschaften hergestellt. Unter diesen ist natürlich das Dorf Barolo, in dessen Castello dei Falletti sich das WiMu, das Wine Museum, befindet. Konzipiert wurde das Museum von François Confino, der im Piemont bereits für das berühmte Filmmuseum in der Turiner Mole Antonelliana und seit Kurzem auch für das Automobil-Museum, ebenfalls in Turin, verantwortlich ist. Für eine unvergessliche Weinprobe sollte man das Castello di Grinzane Cavour im gleichnamigen Ort besuchen. Ab 1832 lebte hier der Graf von Cavour, dem die Entwicklung der lokalen Rebsorten und die Entstehung der großen Langhe-Weine zu verdanken ist, welche man heute in der Enoteca Regionale Piemontese in den Kellergewölben des Schlosses verkosten kann. Wenige Kilometer weiter südlich ziehen die schlanken Türme des Castello di Serralunga alle Aufmerksamkeit auf sich. Das gleichnamige Dorf ist in konzentrischen Kreisen um das majestätische Bauwerk angeordnet und macht die Anlage ohne Zweifel zur beeindruckendsten Burg der Langhe.

188 Das Castello Falletti di Barolo ist die einzige Burg der Langhe, die versteckt an den Hängen und nicht auf einer Hügelspitze liegt. Hier in der Bibliothek arbeitete Silvio Pellico nach seinem Gefängnisaufenthalt in der Festung Spielberg.

188-189 Die hochgestreckte Architektur des Castello di Serralunga d'Alba dominiert das Panorama der Hügellandschaft der Langhe. Das Bauwerk gilt als eines der am besten erhaltenen piemontesischen Schlösser aus dem 14. Jahrhundert.

190-191 In den Langhe zählt man die Zeit in Jahrgängen, nämlich in denen seiner Weine. Der Barolo, Barbera, Barbaresco und Dolcetto haben aus dem Gebiet eines der beliebtesten Ziele des Enotourismus gemacht.

192-193 Vom Castello Brown aus gesehen, das etwa im Jahr 1000 erbaut wurde und durch seine einzigartige Lage die Einfahrt in die Bucht dominiert, erstrahlt Portofino mit der berühmten Piazzetta und den ansteigend gebauten bunten Häusern in seiner ganzen Schönheit.

Portofino: Treffpunkt Piazzetta

Ein Ort, dessen Name inzwischen eine internationale Marke ist. Ein Synonym für Luxus und Exklusivität. Dies sollte das Schicksal Portofinos sein, eines kleinen ligurischen Fischerdorfs, dessen erster Beauftragter für Öffentlichkeitsarbeit niemand Geringeres war als Guy de Maupassant. Tatsächlich war es der französische Schriftsteller, der Portofino in der Welt bekannt machte: „Eine Bucht, versteckt zwischen Olivenbäumen und Kastanien. Ein kleines Dorf erstreckt sich dort wie ein Halbmond um dieses stille Becken". Auch heute noch lässt der in einer tiefen Bucht versteckte kleine Hafen jeden Besucher, der ihn das erste Mal erblickt, erstaunt verstummen. Die bunten, übereinandergereihten Häuser bilden eine Art Amphitheater, das sich um den berühmten kleinen Platz drängt, die gute Stube für jeden, der im Jachthafen an Land geht und einen Aperitif oder ein Abendessen in einem der überfüllten Restaurants einnehmen möchte. An den Tischen der weltweit bekannten Lokale, wie dem Puny oder dem Pitosforo, kann man internationale Stars, Großindustrielle, Adlige und Politiker sehen, die Jahr für Jahr vor einem ligurischen Fischgericht oder einheimischer Pasta mit Walnusspesto den Reiz der Einfachheit neu für sich entdecken. Hinter der Piazzetta stehen, versteckt von Aleppo-Kiefern und Steineichen, die prächtigen Villen der alten und neuen Liebhaber dieser Perle von Tigullien. Je weiter man in Richtung der Halbinsel hinaufsteigt, desto spektakulärer wird die Landschaft. In nur wenigen Minuten erreicht man den Platz vor der Kirche San Giorgio, in welcher die Reliquien des Heiligen verwahrt werden. Von einer Seite des Bauwerks aus kann man einen bezaubernden Blick über das Meer, von der anderen über ganz Portofino genießen. Zwischen Villen und luxuriösen Gartenanlagen geht es von hier aus weiter bis zum Castello Brown, einem Schloss aus dem 15. Jahrhundert, das ab 1867 Sitz des britischen Konsuls Montague Yeats Brown war. Es ist nicht überraschend, dass dieser magische Ort mit dem kleinen Hafen die Schriftstellerin Elizabeth von Arnim, die im Frühjahr bei dem englischen Diplomaten zu Gast war, zu einem Roman mit dem vielsagenden Titel *Verzauberter April* inspirierte.

194-195 *Das Dorf Vernazza gilt als die Perle der Cinque Terre. Es wird von einer Burg mit zylindrischem Turm sowie von seinen Terrassen geprägt, auf denen Wein, Oliven und Zitronen angebaut werden.*

195 *Riomaggiore ist gleichzeitig das am weitesten im Osten und Süden der Cinque Terre gelegene Dorf. Seine Popularität verdankt es vor allem der sogenannten Via dell'Amore, einem Spazierpfad über dem Meer, der es mit Manarola verbindet.*

Die Cinque Terre hinauf und hinunter

Die Wiedergeburt von Vernazza begann mit Richard Rogers. Der englische Architekt und Pritzker-Preisträger von 2007 ist verantwortlich für die Restaurierung des historischen Zentrums dieses charakteristischsten aller Dörfer der Cinque Terre. Nachdem es während der schweren Überflutungen von 2011 fast im Schlamm versunken war, ist der Ort heute vor allem auch dank der Umsicht seiner Bewohner zur Normalität zurückgekehrt. Die Menschen der Cinque Terre sind charakterfest: Über Jahrhunderte haben sie die Natur für sich zu nutzen gelernt. Ihre Landwirtschaft basiert auf den *cian*, mit Steinmauern eingegrenzte Terrassen, die auf den steil zum Ligurischen Meer abfallenden Hängen angelegt sind. Keine Mühe war den Bewohnern der malerischen Dörfer, die sich an dem fünf Meilen langen zerklüfteten Küstenabschnitt zwischen Punta Mesco und Punta Montenero aneinanderreihen, jemals zu groß. Und auch die Touristen lassen sich von den kilometerlangen, schmalen und teilweise unwegsamen Pfaden, die einst die einzige Verbindung zwischen Monterosso, Vernazza, Corniglia, Manarola und Riomaggiore waren, keineswegs abschrecken. 1997 erklärte die UNESCO die fünf Dörfer zum Weltkulturerbe. Das romantische Ambiente der Ortschaften wird auch von den bunten Häusern in Riomaggiore, dem ältesten Dorf, und dem beschaulichen kleinen Hafen von Vernazza geprägt, wo der berühmte Turm des Castello Doria und die Kirche Santa Maria di Antiochia, ein Meisterstück der romanischen Architektur Liguriens, aufragen. Manarola wiederum bezaubert mit seinem zwischen zwei Felsen gezwängten winzigen Hafen, während Corniglia, der „bäuerlichste" unter den Orten, in einem faszinierenden Gleichgewicht auf einer über dem Meer aufragenden Klippe liegt, die man über 377 Stufen erklimmen muss. Monterosso besteht aus zwei voneinander getrennten Siedlungen: Fegina, benannt nach ihrem Strand (eine wirkliche Besonderheit in dieser Gegend), und dem antiken Ortskern, der von engen Gassen und bunten Häusern geprägt wird. Als architektonischen Gegensatz kann man hier die zweifarbige Fassade der aus dem 13. Jahrhundert stammenden Kirche San Giovanni Battista bewundern.

San Gimignano, das Spiel der Türme

Immer höhere Wolkenkratzer bauen, um die eigene Vormachtstellung zu beweisen? In San Gimignano ist das eine alte Geschichte, genauer gesagt eine mittelalterliche. In dem kleinen Ort im Val d'Elsa maß man die Macht einer Familie im 14. Jahrhundert an der Höhe ihrer Bauwerke. Im Zuge dieses Wettstreits wurden über 70 Türme erbaut, wodurch eine Skyline entstand, die manchmal mit der von Manhattan verglichen wird. Heute stehen nur noch 14 von ihnen, doch um einen Eindruck davon zu bekommen, wie dieser Ort den Wanderern auf der Via Francigena erschienen sein muss, reicht ein Besuch im neuen Museum San Gimignano 1300: Dort findet man eine Rekonstruktion im Maßstab 1:100, welche die Stadt auf dem Höhepunkt ihrer Blüte zeigt. An historischen Zeugnissen fehlt es wahrlich nicht. Um sich davon zu überzeugen, braucht man nur einmal die beiden bekannten Plätze der Stadt zu überqueren, den Domplatz und die Piazza della Cisterna. Der Domplatz wird geprägt von der romanisch-toskanischen Chiesa della Collegiata, die mit Fresken der Schule von Siena und Holzstatuen des Jacopo della Quercia geschmückt ist. Links von der Kathedrale erhebt sich der Palazzo Comunale, in welchem das beeindruckende Museo Civico untergebracht ist. Daneben steht die Torre Grossa, mit 54 Metern heute der höchste Turm der Stadt. Die Anstrengungen des Aufstiegs werden mit dem wundervollen Panoramablick auf das Tal und auf San Gimignano reichlich belohnt. An diesem Platz findet man neben dem ältesten Turm der Stadt, der Torre della Podestà (auch Torre Rognosa genannt; hier befand sich einst das Gefängnis), auch die Torri Gemelle (Zwillingstürme) der Salvucci, der bedeutendsten Guelfenfamilie San Gimignanos. Ihnen gegenüber stehen die Torri Gemelle der Ardinghelli, die ihre ewigen ghibellinischen Rivalen waren. Ein Durchgang verbindet den Domplatz mit der Piazza della Cisterna, in deren Mitte ein achteckiger Brunnen steht. Rundum kann man die Türme der Becci und der Cugnanesi, den Palazzo Razzi und die Torre del Diavolo bewundern. Von hier erreicht man durch ein Gewirr kleinerer Sträßchen die Kirche Sant'Agostino, die hinter ihrer schmucklosen Fassade bedeutende Kunstwerke verbirgt. Besonders sehenswert ist der Freskenzyklus von Benozzo Gozzoli sowie der Fliesenboden von Andrea della Robbia.

196-197 Die typische Landschaft des Bezirks Siena umgibt das Örtchen San Gimignano, das im 14. Jahrhundert durch den Handel mit Wolle, Wein und zum Färben verwendeten Safran eine blühende Stadt war.

198-199 Der lehmhaltige Boden im Südosten Sienas bringt eine einzigartige Landschaft hervor, in der sich sanfte, mit Zypressen bewachsene Hügel mit Kalkrinnen abwechseln.

199 Ein wenig ausserhalb des mittelalterlichen Zentrums von Asciano, dem Herz der Crete Senesi, erstreckt sich die beeindruckende Accona-Wüste, eine charakteristische Mondlandschaft, die aus dem an Lehm und Steinsalz reichen Boden hervorgeht.

200-201 Die Abtei von Monte Oliveto Maggiore erhebt sich auf einem mit Zypressen bewachsenen Hügel. Die hier ansässigen Mönche begannen die Bewirtschaftung der Crete und widmeten sich zudem der Kunsttechnik der Holzintarsien.

Die Crete Senesi: eine Mondlandschaft

Die Schönheit der Crete Senesi entsteht durch Auslassung. Hier sind es nicht die Plätze, Dörfer, Kathedralen und Burgen, es ist das Nichts, das die Seele jedes Reisenden bewegt. Eine Landschaft, deren Wesen noch mehr hervortritt, wenn sie auf eine einsame Scheune, eine Zypresse oder eine moderne Skulptur trifft: Es ist der Effekt eines Steines in einem Zen-Garten. Der Hauptdarsteller dieser metaphysisch wirkendenden Gegend zwischen den Kommunen Asciano, Buonconvento, Monteroni d'Arbia, Rapolano Terme und San Giovanni d'Asso ist die lehmige, goldfarbene Erde, die häufig mit einer Mondlandschaft verglichen wird. Die kahlen grau-bläulichen Hügel sind nichts anderes als der Boden des antiken Mittelmeers, das sich im Pliozän etwa drei Kilometer weit zurückzog. Die überall in den Crete zu findenden Fossilien belegen dies. Durch Auswaschungsprozesse des Erdbodens entstanden Erosionen, wie Kalkrinnen und Biancanen, weißliche kleine Hügel, die sich nach der Ausschwemmung von Salzen und Sulfaten aus dem Erdreich erhoben und die Landschaft im Südwesten von Siena so einzigartig machen. Das Herz dieser Gegend ist die Accona-Wüste, die bereits im Mittelalter so genannt wurde. Sie breitet sich ohne jede Form von Vegetation im südlichen und westlichen Teil von Asciano aus, einem hübschen mittelalterlichen Dorf, von welchem auch die Abtei Monte Oliveto Maggiore gut zu erreichen ist. Die Spiritualität dieses Ortes wird von dem kargen Anblick der Crete noch verstärkt. Gegründet wurde die Abtei 1313 von Giovanni Tolomei, der sich hierher zurückzog, um eine an den Glaubensregeln der Benediktiner inspirierte Glaubensgemeinschaft zu gründen. Sie empfängt ihre Besucher mit mächtigen Zypressen, die den Weg zu einer gotischen Kirche säumen, welche einen wertvollen Chor aus dem 16. Jahrhundert beherbergt. Das große Kloster besitzt bedeutende Werke der italienischen Renaissance-Malerei, wie die Darstellungen des Lebens von San Benedetto, gemalt zwischen dem Ende des 15. und Anfang des 16. Jahrhunderts von Luca Signorelli und Sodoma. Von unschätzbarem Wert ist auch die Bibliothek mit über 40.000 antiken Schriften. Viele von ihnen gingen durch die Hände der im renommierten Institut für Buch-Restaurierung des Klosters tätigen Benediktiner.

Val d'Orcia, die Ideallandschaft

Die perfekte Umgebung für eine Stadt: Wohl nur im Val d'Orcia konnte der Traum des Papstes Pius II., Enea Silvio Piccolomini, sich verwirklichen lassen. Seine Idee bestand darin, ein kleines mittelalterliches Dorf in eine Idealstadt zu verwandeln, in welcher der Mensch in Harmonie mit seinesgleichen und mit der Natur leben könnte. So entstand Pienza, ein wahres Juwel der Renaissance, zwischen den Crete Senesi und den Hängen des Monte Amiata gelegen, wo die Schönheit der Landschaft über Jahrhunderte von Menschenhand im Einklang mit der Natur kultiviert wurde. Sanfte Hügel begleiten den Reisenden entlang der antiken Wege, die diese Gegend tief geprägt haben. Es sind die Via Cassia und die Pilgerstraße Via Francigena, welche einst Rom mit dem nördlichen Europa verbanden. Ein Hügel folgt hier auf den nächsten, auf dem lehmigen Boden gedeihen Weinreben und mediterranes Dickicht, Oliven und Zypressen. Ein grün-gelbes Meer, das bis zu den Hängen des Monte Amiata reicht, wo die Landschaft in Buchen- und Kastanienwälder übergeht. Im Val d'Orcia erreicht die Verbindung von Kunst und Landschaft einen absoluten Höhepunkt, was im Jahr 2004 zu seiner Aufnahme ins Weltkulturerbe der UNESCO führte. Zeugen dieses Zusammenschlusses sind vor allem die Ortschaften, wie etwa Montalcino. Aus seinen Wäldern und Weinstöcken stammen Honig und der hervorragende Rotwein Brunello. San Quirico d'Orcia wiederum birgt innerhalb seiner Stadtmauern neben der schönen Kirche Collegiata auch die Horti Leonini, ein außergewöhnliches Beispiel italienischer Gartenbaukunst aus dem 16. Jahrhundert. Nicht weit entfernt liegt Bagno Vignoni, eines der ursprünglichsten und besterhaltenen mittelalterlichen Dörfer der Toskana, direkt um die 52° C heiße vulkanische Thermalquelle angesiedelt. Ebenfalls sehr stimmungsvoll ist die von Thermalwasser gezeichnete Landschaft um Bagni San Filippo auf dem Monte Amiata: mitten in einem Wald gelegene weiße Kalkformationen, kleine Wasserfälle und natürliche Warmwasserbecken. Unweit von hier, in Radicofani, liegt eine beeindruckende Festung, die seit tausend Jahren über das Val d'Orcia, den Monte Amiata und den Monte Cetona wacht.

202 An den Hängen des Val d'Orcia liegen vereinzelte Höfe, umgeben von Eichenwäldern, Olivenhainen und Weinstöcken. Hier werden edle Weine, wie der berühmte Brunello di Montalcino oder der Vino Nobile di Montepulciano produziert.

202-203 *1459* liess der humanistisch gesinnte Papst Pius II. das Dorf Corsignano in die Idealstadt Pienza umbauen, wobei er sich an den neuen Werten und Kunstwerken aus Florenz orientierte.

204-205 DAS STÄDTCHEN SPOLETO IST REICH AN ZEUGNISSEN AUS RÖMISCHER ZEIT UND HAT SICH BIS HEUTE SEINEN MITTELALTERLICHEN STADTKERN ERHALTEN. DIESER ENTSTAND ZUNÄCHST UNTER DER LANGOBARDISCHEN HERRSCHAFT UND WURDE ANSCHLIESSEND UNTER DER REGIERUNG DES KIRCHENSTAATES ERWEITERT.

205 DER DOM SANTA MARIA ASSUNTA WURDE 1067 AUF DEN RESTEN EINER KIRCHE AUS DEM 9. JAHRHUNDERT ERRICHTET. DIE ROMANISCHE FASSADE WIRD HERVORGEHOBEN DURCH DAS GROSSE MOSAIK DES SEGNENDEN CHRISTUS SOWIE DURCH FÜNF ROSETTEN.

Spoleto: hinter dem Kulissen

„Würdevoll" ist das Attribut, mit dem die jahrtausendealte Stadt Spoleto häufig belegt wird. Ihr hauptsächlich mittelalterlich geprägtes Erscheinungsbild verdankt sie der Zeit, als sie ein florierendes lombardisches Herzogtum war. Und genau diese Würde ist es, die sie heute für Kulturereignisse prädestiniert. Wie beispielsweise das berühmte Festival dei Due Mondi („Festival der zwei Welten"), welches einer ihrer berühmtesten Verehrer ins Leben rief, der Komponist und Librettist Giancarlo Menotti. „Spoleto ist eine Erholung für die Seele", befand der 2007 verstorbene Musiker, der 50 Jahre lang zu den Protagonisten des umbrischen Sommers zählte. In der Stadt stößt man auf Schritt und Tritt auf seine Spuren: Angefangen bei dem heute nach ihm benannten Theater aus dem 19. Jahrhundert, das als größtes italienisches Theater in Umbrien das „kleine" Theater Caio Melisso aus dem 17. Jahrhundert ersetzen sollte. Später „rehabilitierte" man das Caio Melisso und machte es zu einer besonderen Location des Festival dei Due Mondi. Heute ist es ein exklusiver Veranstaltungsort, der dank einer neuen Mäzenin Spoletos, der Modedesignerin Carla Fendi, nach einer Reihe von Restaurierungen in altem Glanz erstrahlt. Die Schlussveranstaltung des Festivals findet nur wenige Schritte vom Theater entfernt auf dem Domplatz statt. Auf den Treppen zur Kathedrale versammelt sich hier eine große Menschenmenge, um dem Abschlusskonzert zu lauschen. Ein magischer Moment, dessen Hintergrund die prachtvolle romanische Fassade des Doms Santa Maria Assunta mit ihren zahlreichen Fensterrosen und dem Mosaik im byzantinischen Stil bildet. Die Apsis im Innenraum wurde von Filippo Lippi, dessen Grabmal auch hier zu finden ist, mit Fresken aus dem *Leben Mariens* ausgemalt.

Die andere Welt, auf die sich das 1954 gegründete Musik- und Tanz-Festival bezieht, meint die Zeit der alten Römer. In dieser Epoche spielte Spoleto eine weitaus erhabenere Rolle als im Mittelalter, in dem man es als Steinbruch für die Rocca Albornoziana, eine auf der Spitze des Hügels Sant'Elia errichtete Festung, ausbeutete. Heute ist dieser höchste Punkt von Spoleto ein privilegierter Aussichtspunkt mit Blick über das ganze Tal.

Ponza und ihre schönen Schwestern

Sie könnten kaum unterschiedlicher sein und dennoch ergeben sie zusammen das idyllische Gesamtbild der perfekten Ferien. Während die kleine und flache Insel Ventotene zum Müßiggang einlädt, ist ihre Nachbarin, die temperamentvolle und gesellige Ponza, ein Ziel für all diejenigen, die für den Aperitif auf der Piazza auch eine kleine Menschenansammlung in Kauf nehmen. Auch in ihrer Farbigkeit sind sie sehr verschieden: Ponza mit ihrem um den Hafen ansteigend erbauten gleichnamigen Hauptort erscheint aus der Ferne wie ein weißer Halbmond, das in den Tuffstein gebettete Ventotene hingegen ist gelb mit einigen leuchtend roten Sprenkeln. Gemeinsam teilten sie das Schicksal, als Exil für Verbannte zu dienen. Ponza nahm Agrippina und Papst Silverius auf, welcher später der Schutzheilige der Insel wurde, dessen Feiertag am 20. Juni mit einer der meistbesuchten und bekanntesten Prozessionen im ganzen Mittelmeerraum begangen wird. Agrippinas Mutter Julia wiederum wurde von ihrem Vater Augustus nach Ventotene verbannt, wo sie in der großen Villa lebte, die sich mit über dreihundert Meter Länge und circa einhundert Meter Breite auf der Landzunge Punta Eolo erstreckt und deren Überreste man dort immer noch besichtigen kann. In der Zeit des Faschismus verbannte man nach Ventotene Politiker, Partisanen und Intellektuelle, von dem ehemaligen Präsidenten Sandro Pertini bis zum Gründervater des geeinten Europas Altiero Spinelli. Letztere „beherbergte“ man in dem von den Bourbonen errichteten Gefängnis auf der vorgelagerten kleinen Insel Santo Stefano. Der Bau, ein Projekt des Vanvitelli-Schülers Francesco Carpi, kann als vergleichbar mit der Teufelsinsel von Cayenne bezeichnet werden. Das freiwillige Exil der heutigen Touristen ist freilich ein weitaus angenehmeres, vor allem, wenn man es mit dem Boot antritt. Um Palmarola, die kleinste der Inseln, zu erreichen, ist dies sogar unerlässlich. Sie liegt sechs Meilen westlich von Ponza und lockt mit natürlichen Amphitheatern, Klippen, Meeresgrotten und Felsen, die von einem Bildhauer bearbeitet zu sein scheinen. Zannone wiederum ist die südlichste Insel des Archipels. Sie ist mit Steineichen sowie mediterranem Dickicht bewachsen, und ihre einzigen Einwohner sind eine Herde Mufflons.

206 Der bourbonische Hafen wurde Mitte des 18. Jahrhunderts gebaut und ist die Eingangstür nach Ponza, der grössten Insel des Archipels. Um den halbkreisförmigen Anleger herum ist das ursprüngliche Zentrum entstanden.

206-207 Die 8 Kilometer lange und bis zu 1800 Meter breite Insel Ponza gipfelt in dem 280 Meter hohen Monte Guardia.

208-209 Der im Osten der Insel gelegene Ort Ventotene verfügt über einen römischen Hafen. Das bourbonische Städtchen entstand um das Schloss und die der Inselpatronin geweihte Kirche Santa Candida.

Das Maddalena-Archipel: Deep Blue

Klein, aber wehrhaft. Das Archipel Maddalena hat eine Geschichte voll langer Kämpfe hinter sich, die es zu der Naturschönheit gemacht haben, die es heute darstellt: 50 Quadratkilometer und wahrhaft beeindruckende 180 Kilometer Küste. Selbst Napoleon musste dem kämpferischen Geist der Insulaner weichen, die ihn unter der Führung von Domenico Millelire zurückschlugen. La Maddalena zeigte sich ebenso standhaft gegen die menschliche Torheit und die Verschandelung durch kommerzielle Bebauung, von der sie seit Jahren bedroht wird. Dank der Einrichtung des Nationalparks Archipel Maddalena und des kürzlich ins Leben gerufenen grünen Bündnisses mit dem nahe gelegenen Korsika konnten die sieben Hauptinseln und ihre kleinen Schwestern jedoch ihre Natur bewahren, die weltweit als eine der schönsten im ganzen mediterranen Raum angesehen wird. Hier ist heute alles auf das landschaftliche Erbe ausgerichtet, angefangen mit dem Abzug der US Navy, ihren Dollars und dem in letzter Minute nach Aquila verlegten G-8-Gipfel von 2009. Diese verpasste Gelegenheit hat auf den schönen Gallura-Inseln zum Nachdenken angeregt, sodass man nun auf ein neues, auf Tourismus und Landschaft ausgerichtetes Entwicklungsmodell setzt. Die Hauptinsel mit ihren Palästen aus dem 18. Jahrhundert am Hafen von Cala Gavetta und der Festung Guardia Vecchia lädt mit ihrer über 20 Kilometer langen Panoramastraße zu Entdeckungstouren ein. Von hier genießt man einen einzigartigen Blick auf die Küste Sardiniens, auf Korsika und andere Inseln des Archipels. Eine von ihnen, Caprera, erreicht man von Maddalena aus über den Damm Passo della Moneta. Auf Caprera verbrachte Giuseppe Garibaldi die letzten zwanzig Jahre seines Lebens, in denen er sich dafür einsetzte, dass die Granitfelsen in urbares Ackerland umgewandelt wurden. Zurück auf dem Meer übergibt die Geschichte das Steuer wieder der Natur, die hier überall so traumhaft ist wie auf Budelli, der Insel mit dem roten Sand, welche durch Michelangelo Antonionis Film *Die rote Wüste* unsterblich gemacht wurde. Spargi wiederum ist über und über mit mediterranem Dickicht bewachsen. An ihrer Südküste verfügt sie über wunderschöne Strände, wie zum Beispiel die von Cala Corsara und Cala Granara, deren rosa Granitfelsen wie moderne Skulpturen anmuten.

210 *Der 1994 gegründete Nationalpark des Maddalena-Archipels schützt eine Fläche von mehr als 18.000 Hektar (5134 Hektar Land und 13.000 Hektar Meer) sowie 180 Kilometer Küste.*

211 *Der rosa Strand im Süden von Budelli verdankt seine besondere Farbe den Fragmenten eines besonderen Mikroorganismus namens Miniacina miniacea, der hier in grossen Mengen vorkommt.*

Die Amalfiküste: schwindelerregende Schönheit

„Es gibt eine einzige kleine Straße und die führt nicht bis zum Strand. Der Rest besteht nur aus Treppen, einige sind steil wie Leitersprossen. Um einen Freund zu besuchen, geht man nicht etwa: Man klettert hinauf oder hinab." So beschreibt John Steinbeck Positano in einem Reisebericht in *Harper's Bazaar*. Man könnte diese Beschreibung ohne Weiteres auf die ganze Amalfiküste anwenden: Eine südliche Schönheit, die nicht leicht zu erobern ist. Das Aufeinandertreffen von Bergen und Meer macht die Küste schwer zugänglich und lässt eine bezaubernde Landschaft aus Fjorden, Landzungen, natürlichen Felsbögen und kleinen Buchten entstehen, die zum Inbegriff mediterraner Naturschönheit geworden ist. In diesen besonderen Küstenabschnitt Kampaniens zwischen Positano und Vietri sul Mare haben sich bereits leidenschaftliche Künstlerpersönlichkeiten wie Cosima und Richard Wagner verliebt, die so begeistert waren von der Villa Rufolo in Ravello, dass der deutsche Komponist hier Klingsors Zaubergarten für seinen *Parsifal* ersann. In dem auf einer felsigen Klippe in den Monti Lattari gelegenen Dorf, dem schönsten natürlichen Balkon über Amalfi und Minori, liebten sich auch die göttliche Diva Greta Garbo und Leopold Stokowski, und dort lebte der amerikanische Schriftsteller Gore Vidal. Anna Magnani und Roberto Rossellini fanden mit ihrem feurigen Temperament Zuflucht in der „schönsten Schlucht der Welt", dem Fiordo di Furore, dessen Häuser verstreut an den Berghängen über dem Meer stehen. Das auf einem Ausläufer der Monti Lattari gelegene Positano hat mit seinen beschwerlich zu erklimmenden Gassen und blühenden Bougainvillea zwischen den eng stehenden weißen Häusern schon seit jeher Maler und Musiker angezogen. Ein Grund dafür könnten auch die sagenumwobenen Sirenen sein, die in der Nähe von Li Galli leben sollen. Diese drei Inseln liegen vor Positano im Meer und waren seinerzeit im Besitz des großen Tänzers Rudolf Nurejew. In der Stadt Amalfi kann der Besucher unter anderem den Dom Sant'Andrea mit seiner eindrucksvollen neugotischen Fassade und dem romanischen Glockenturm entdecken. Lohnend ist auch ein Besuch des Valle dei Mulini, des antiken Industriezentrums der Seefahrerrepublik. Hier entstanden einst die berühmten Papierfabriken von Amalfi.

212 Der Dom von Amalfi besteht aus der Verbindung zweier nebeneinanderstehender Basiliken, nämlich der Basilica dell'Assunta und der Basilica di Sant'Andrea Apostolo. Die aktuelle Fassade stammt aus dem Jahr 1891 und wird von byzantinisch inspirierten Mosaiken geschmückt.

212-213 Praiano hat einen an den unteren Hängen des Monte Tre Pizzi (1122 Meter) gelegenen Ortskern und war zu Zeiten der Republik Amalfi die Sommerresidenz der Dogen.

214 oben *Das Panorama, das man von den Gärten und Terrassenanlagen der Villa Rufolo aus geniessen kann, gehört zu den schönsten der ganzen Amalfiküste. Der Park verdankt seine derzeitige Form dem adligen schottischen Philanthropen Francis Neville Reid, einem Experten für Botanik und antike Kunst.*

214 unten *Das elegante Positano liegt an den Hängen der Berge Comune und Sant'Angelo a Tre Pizzi. Seine viereckigen, gekalkten Häuser mit Kuppeldach machen den Ort unverwechselbar.*

214-215 *Gassen, Bögen, Hinterhöfe und Au entreppen charakterisieren die malerische Siedlung Atrani, eine der am bestern erhaltenen der ganze Küste. Hier hatten zur Zeit der Seerepublik die reichsten Familien von Amalfi ihren Wohnsitz.*

Capri, ein Meisterwerk des Gleichgewichts

Capris Charme hat viel mit dem unwiderstehlichen Geschmack der berühmten einheimischen Ravioli gemeinsam. Beide sind gleichzeitig ganz simpel und dennoch überwältigend, was an ihrer perfekten Ausgewogenheit liegt. Während Caciotta-Käse, Parmesan und Majoran seit Jahren auch die anspruchsvollsten Gaumen verwöhnen, macht die Mischung aus Naturschönheit, Kunst, Kultur, mondänem Chic und Tradition die kleine Insel im Golf von Neapel so einzigartig. An kaum einem anderen Ort gelangt man wie hier innerhalb weniger Sekunden von einem menschenüberlaufenen Platz, wie der berühmten Piazzetta in der Sommersaison, auf einen stillen Pfad am Meer. Am besten lässt sich Capri zu Fuß erkunden, zum Beispiel über die ansteigende Straße zur Villa Jovis hinauf, der schönsten der zwölf durch Kaiser Tiberius auf der Insel errichteten Villen. Oder über den beeindruckenden (und anstrengenden) Spazierweg Pizzolungo, der sich durch die mediterrane Pflanzenwelt die halbe Inselküste entlangschlängelt und bis zur Villa Malaparte reicht, einem Meisterstück rationalistischer Architektur, die auf der Spitze des Massullo-Felsens liegt und einen wunderbaren Blick auf die berühmten Faraglioni bietet. Auch die Via Krupp führt über die drei felsigen Wahrzeichen der Insel: Das Juwel unter den Wanderwegen Capris wurde 2008 nach den 32 Jahre dauernden Bauarbeiten neu eröffnet. Drei Kilometer Serpentinen zwischen Felsen und Meer, die der deutsche Magnat Friedrich Alfred Krupp im Jahr 1902 anlegen ließ. Sie führen durch die Giardini di Augusto e Marina Piccola (die Augustusgärten) und sind nur einer der vielen Beweise dafür, wie sehr Menschen aus aller Welt Capri lieben. Am Ende des 19. Jahrhunderts ließ auch der schwedische Arzt Axel Munthe im ruhigen Anacapri ein solches Zeugnis errichten: Seine Villa San Michele, erbaut auf den Überresten einer alten Kapelle, ist nach der berühmten Blauen Grotte der am meisten besuchte Ort Capris. Im Garten der Villa und in ihren Räumlichkeiten, in denen unter anderem Rainer Maria Rilke, Greta Garbo und Oscar Wilde zu Gast waren, kann man Munthes Antikensammlung bewundern, zusammengetragen in den über fünfzig Jahren, die er auf der Insel verbrachte.

216 Von der Marina Grande führt die Seilbahn direkt zum Herzen der Insel: zur Piazza Umberto I., auf der ganzen Welt als Piazzetta bekannt. Im Hintergrund sind die Kuppeln der ehemaligen Kathedrale Santo Stefano zu erkennen.

216-217 100 Meter vor der Südostküste der Insel erheben sich die Faraglioni-Klippen, das Symbol Capris. Der Faraglione Scopolo ist der einzige Ort der Welt, auf dem die Eidechsenart Lucertola Azzurra vorkommt.

218-219 Die weisse Stadt Ostuni steht auf einem Hügel über dem Meer und wird von der Architektur ihrer Kathedrale mit der spätgotischen Fassade sowie den Kuppeln der Chiesa delle Monacelle bestimmt.

219 Die Spitzen der Trulli werden durch weiss getünchte Dachsteine versiegelt. Die verschiedenen Formen (Scheiben, Kugeln, Hörner oder Pyramiden) sollen mit dem Sonnenkult zusammenhängen, den die primitiven Völker praktizierten.

220-221 Die Kirche San Giorgio thront buchstäblich im Zentrum von Locorotondo, das als Aussichtsplattform über die Murgia dei Trulli bekannt ist. Seinen Namen verdankt der Ort der konzentrischen Anordnung seiner Strassen.

Unter der Sonne des Valle d'Itria

Der Wettlauf zu den Trulli begann Ende der Achtzigerjahre und hat seitdem noch kein Ende genommen. Mehr denn je repräsentieren die geheimnisvollen Bauwerke in Apulien heute das weiße Gold des Valle d'Itria, einem weitläufigen Kesseltal mit sanften Hügeln auf der südöstlichen Murgia-Hochebene. Hier liegen die kleinen Ortschaften Locorotondo, Martina Franca, Alberobello, Cisternino und Ceglie Messapica, in denen auch die *lamie* zu finden sind. Diese Bauernhäuser mit dem charakteristischen Dach sind typisch für die Gegend und ziehen teilweise sehr bekannte Wissenschaftler an, die nach einem Hinweis auf ihre Entstehung forschen. Dem Charme von Ostuni kann man sich kaum entziehen. Mit seinen weiß gekalkten Mauern erscheint der Ort wie ein griechisches Dorf, das durch ein Wunder auf der Spitze eines Hügels gelandet ist. Dieser merkwürdige Eindruck wird noch verstärkt durch das Meer, das vom höchsten Punkt des Ortes, wo sich eine Kirche aus dem 15. Jahrhundert und die Kuppel eines ehemaligen Konvents erheben, ganz nah zu sein scheint. Panoramabalkone wie diesen findet man überall im Valle d'Itria. Der spektakulärste Ort der Region ist wohl das kreisförmig aufgebaute Locorotondo mit seinem wundervollen Blick auf alte Steinmauern, Olivenhaine und Weinstöcke, hier und da gesprenkelt von den konischen Spitzen der Trulli, so weit das Auge reicht. Im Schatten der *cummerse*, der ortstypischen spitzen Dächer, wächst der berühmte DOC-Weißwein von Locorotondo. Der regionale Rotwein passt wiederum ausgezeichnet zu dem Essen, das man in einer der charakteristischen Fleischereien mit Mittagstisch zu sich nehmen kann, wie sie in Cisternino besonders zahlreich zu finden sind. Die Atmosphäre der kleinen Stadt erinnert mit ihren engen Gassen, Innenhöfen, Außentreppen, blühenden Balkonen, Bögen und dem ständigen Wechsel von Licht und Schatten an eine arabische Kasbah. Um die charakteristische Architektur dieser Gegend am besten bewundern zu können, muss man jedoch nach Alberobello fahren, in die Trulli-Hauptstadt. Wegen der außerordentlich großen Zahl dieser einzigartigen Gebäude wurde Alberobello 1996 zum Weltkulturerbe erklärt. Rund 1500 Trulli stehen hier, 500 davon allein in den Stadtteilen Aia Piccola und Monti.

Matera, eine Stadt im Berg

Eine rekordverdächtige lebende Krippe, die größte, die es jemals gegeben hat: So kam Matera 2010 dank seiner besonderen Weihnachtsfeierlichkeiten im Sasso Caveoso ins *Guinnessbuch der Rekorde*. Aber in der lukanischen Stadt brennen die Lichter eines Rekord-Krippenspiels 365 Tage im Jahr, denn die Sassi verwandeln sich jede Nacht in ein Firmament aus Stein. Diese antiken Höhlensiedlungen liegen an der Gravina, einer tiefen karstigen Schlucht, und werden untereinander von dem Felssporn Civita getrennt. Im Dunkeln wird die in den Tuffstein gehauene Stadt, die seit der Altsteinzeit fortlaufend bewohnt ist, zu einer landschaftlichen Ausnahmeerscheinung. Pier Paolo Pasolini war der Erste, der sie 1964 in seinem Film Das 1. *Evangelium – Matthäus* verewigte. Zwanzig Jahre später drehte Mel Gibson hier seine *Passion Christi*. Matera ist ein im Nichts entstandenes architektonisches Meisterwerk, das mit seinen in den Stein gehauenen Zisternen eines der weltweit ältesten Beispiele für nachhaltiges Bauen ist.

Um den Sasso Barisano und den Sasso Caveoso zu erklimmen und dann die Treppen, Gassen und Grotten dieses vertikal errichteten Ortes zu entdecken, braucht man eine sportliche Kondition. Hier bricht der Dialog zwischen aufbauender und in den Stein gehauener Bauweise niemals ab. Die raue Landschaft konnte die einstigen Erbauer dieses 1993 von der UNESCO zum Weltkulturerbe erklärten Juwels niemals entmutigen. Die hier seit dem 7. Jahrhundert entstandenen Felsenkirchen sind das wertvollste Erbe der Sassi. Bis heute zählte man 155 von ihnen, inner- und außerhalb Materas. Häufig sind sie mit wunderschönen Fresken ausgemalt, wie der Komplex der Kirchen Santa Lucia alle Malve und Santa Maria de Idris e San Giovanni in Monterrone. Die Kirche Madonna delle Virtù und der überragende Bau von San Nicola dei Greci wiederum beherbergen seit 1978 die bedeutendsten Namen der internationalen Bildhauerkunst. Hierfür gibt es in Matera auch ein Museum, das MUSMA im Palazzo Pomarici, der mit seiner Barockarchitektur und seinen unterirdischen Gemäuern den zeitgenössischen Skulpturen der in den Stein gehauenen Stadt die Ehre erweist.

222 Bei Sonnenuntergang ist Sasso Barisano noch eindrucksvoller. Entstanden ist der Ort aus übereinander in die Tuffsteinhöhlen gebauten Häusern. Eine solche Stadt ist einmalig auf der ganzen Welt.

222-223 Der Dom von Matera wurde im romanischen Stil Apuliens auf dem Civita-Hügel errichtet. Hier treffen Sasso Barisano und Sasso Caveoso zusammen, die gemeinsam das historische Zentrum der lukanischen Stadt bilden.

224-225 Die Altstadt von Gallipoli ist durch eine Brücke mit dem Festland verbunden. Die im Salento gelegene Stadt erlebte im 16. Jahrhundert dank ihres Hafens eine wahre Blütezeit.

Gallipoli, im Angesicht des Hafens

Es scheint fast, als wolle Gallipoli in See stechen, so weit streckt sich der Ort ins Ionische Meer hinaus. Noch ein kleines Stück weiter und die Altstadt könnte die Leinen losmachen, wie es seit dem 17. Jahrhundert die Schiffe taten, die von diesem Hafen täglich riesige Mengen Öl in alle Welt beförderten. Das historische Zentrum Gallipolis gilt als die Perle des Salento. Es liegt auf einer Insel, die über eine siebenbogige Brücke aus dem 17. Jahrhundert mit dem Festland und der ab dem 19. Jahrhundert entstandenen Neustadt, dem Borgo, verbundenen ist. Das antike Zentrum vermittelt mit seinen engen Gassen, Innenhöfen und weiß getünchten Häusern den Eindruck einer orientalischen Stadt, aber seine Barockterrassen und die alten, aus dem typischen Lecceser Kalkstein erbauten Stadtpaläste verraten schnell seine salentinische Identität. In der Mitte der Insel und gleichzeitig auf ihrer höchsten Stelle steht die Kathedrale Sant'Agata, das Prunkstück des lokalen Barockstils. Sie wurde auf einer kleinen mittelalterlichen Kirche erbaut, die San Giovanni Crisostomo gewidmet war. Der Innenraum des auf einem Kreuzgrundriss erbauten Gotteshauses kann als eine wahre „Pinakothek" bezeichnet werden, so viele neapolitanische und salentinische Gemälde aus dem 17. und 18. Jahrhundert sind hier zu sehen. Stadt und Hafen werden vom Castello Angioino bewacht, das komplett vom Meer umgeben ist und die ganze Geschichte von Gallipoli in sich birgt. Im 16. Jahrhundert wurde es wiederaufgebaut von Giorgio Martini aus Siena, dem größten Experten für Militärarchitektur seiner Zeit. In seinen Bau bezog er die alte Festung aus der Zeit der Anjou ein, die ihrerseits wiederum auf einer Wehranlage aus byzantinischer Zeit entstanden war. Die Burg erhebt sich mit vier Türmen auf einem quadratischen Grundriss. Im 16. Jahrhundert wurde der sogenannte Rivellino hinzugefügt, ein runder Turm, der als eine Art vorgelagerte Bastion dient. Von hier aus erreicht man, sobald man den Hafen hinter sich lässt, über die Brücke aus dem 17. Jahrhundert eines der berühmtesten und meistdiskutierten Monumente Gallipolis: die Fontana Greca. Einst als ein Bauwerk aus hellenistischer Zeit angesehen, stammt sie jedoch aller Wahrscheinlichkeit nach von einem Bildhauer des 16. Jahrhunderts.

226-227 Vom Gran Cratere auf Vulcano hat man einen freien Blick auf Vulcanello und Lipari. Die am dichtesten an der sizilianischen Küste gelegene Insel entspringt der Vereinigung mehrerer Vulkane, von welchen der Fossa der grösste ist.

Die Äolischen Inseln: von Natur aus vulkanisch

Sie tragen den Namen des Windes, die sieben Äolischen Inseln vulkanischen Ursprungs vor der Nordküste Siziliens. Dem Mythos zufolge lebte auf Lipari der Windgott Äolus, dessen Aufgabe in der Kontrolle und der Zähmung der Stürme bestand. Noch heute blähen sie die Segel der Jachten und Boote, die zwischen den Inseln kreuzen – dies ist mit Sicherheit die beste Art, ihren unterschiedlichen Charakter kennenzulernen. Beginnen sollte man dabei mit der feurigen Insel Vulcano, die Sizilien am nächsten gelegen ist. Die schwarze Insel, auf der sich der Legende nach die Schmiede des Feuergottes Hephaistos befindet, ging einst aus der Fusion von vier Vulkanen hervor. Der aktivste von ihnen ist der Fossa, der mit 391 Metern in einem großen Krater aufragt, dem tiefen Schlund, welchem schwefelhaltige Dämpfe entströmen, die den Stein gelb färben und eine einzigartige Naturschönheit herbeizaubern. Ebenso beeindruckend ist das Schauspiel, das man bei einer Besteigung der Spitze des Stromboli erleben kann: In 918 Metern Höhe kann man das vom Vulkan zur Schau getragene Feuerwerk beobachten. Der Stromboli ist einer der aktivsten Vulkane der Erde, der mit seiner Asche und seinen Auswürfen die glühende Sciara del Fuoco füttert, den Lavafluss, der sich im Nordwesten der Insel ins Meer ergießt. Ein entschieden sanfteres Gemüt hat Salina, nach Lipari die zweitgrößte der Inseln und auch die grünste des Archipels. Hier werden Kapern und erlesene Weintrauben angebaut, aus denen ein ausgezeichneter Malvasia gekeltert wird. Panarea hingegen, die kleinste und exklusivste der Äolischen Inseln, hat die Landwirtschaft aufgegeben. Hier hat man die touristischen Möglichkeiten am besten zu nutzen gewusst, ohne jedoch dabei die natürliche Schönheit der Insel zu zerstören. Die weißen Häuser Panareas mit ihren leuchtend blauen Türen erinnern an die Dörfer der Kykladen. Die Landschaft der am entferntesten gelegenen Insel Filicudi ist noch urtümlicher, ebenso wie die spartanische Natur von Alicudi – ein Paradies, das man am besten über seine steilen Maultierpfade erobert. Im Vergleich hierzu erscheint die Hauptinsel Lipari mit ihrem historischen Zentrum, der auf einer Landzunge gelegenen Festung und den spanischen Befestigungsmauern wie eine Metropole. Aber die kleine Hauptstadt am Meer hält noch weitere Überraschungen bereit, wie zum Beispiel das Archäologische Museum der Äolischen Inseln. Es befindet sich auf der Akropolis von Lipari und erzählt die Geschichte der Ausgrabungen und Funde des Archipels.

228 OBEN POLLARA IST EINER DER EINDRUCKSVOLLSTEN ORTE VON SALINA, DER FRUCHTBARSTEN UNTER DEN ÄOLISCHEN INSELN. DAS DORF STEHT AUF EINEM ZUR HÄLFTE IM MEER VERSUNKENEN KRATER, WODURCH EINE STEILE KLIPPE ENTSTAND.

228 UNTEN DER STROMBOLI IST DER AKTIVSTE VULKAN EUROPAS UND GEHÖRT ZU DEN FÜNF AKTIVSTEN KRATERN DER WELT. DIE BEWOHNER DER INSEL NENNEN IN IDDU („ER" AUF SIZILIANISCH), FAST ALS WOLLTEN SIE IHM EINE GÖTTLICHE NATUR ZUSPRECHEN.

228-229 ZWISCHEN DEN BEIDEN BUCHTEN MARINA LUNGA UND MARINA CORTA ERHEBT SICH ÜBER DEM MEER DER FELSEN VON LIPARI, DER AUCH ALS „DAS SCHLOSS" BEKANNT IST. INNERHALB DER SPANISCHEN BEFESTIGUNGSMAUERN KANN MAN DIE RESTE EINER NORMANNISCHEN KATHEDRALE BEWUNDERN.

Der Ätna: ein Feuergigant

Mehr noch als an eine Mondlandschaft erinnern die Krater des Ätnas und ihre Umgebung an den Planeten Mars. Es ist bestimmt kein Zufall, dass an den Hängen des aktivsten Vulkans des Alten Kontinents, auf dem Lavauntergrund der Ortschaft Piano della Concazza (in 2800 Metern Höhe), die von Alenia und der Europäischen Raumfahrtorganisation für Marsmissionen entwickelten Roboter getestet wurden. Ab einer Höhe von 2500 Metern hat dieser Berg wirklich etwas Übernatürliches, aber es ist genau diese nach und nach immer karger werdende Natur, die den Besucher auf das Zusammentreffen mit Einöde, Lava und Feuer vorbereitet. Auf einen Gürtel aus Zitruspflanzen und Kaktusfeigen am Fuß des Berges folgen Olivenhaine, Weinstöcke und Mandelbäume am westlichen sowie Haselnusspflanzungen am nordöstlichen Hang. Dann werden die Eichen- und Kastanienwälder von Buchen abgelöst, bis nur noch zarte Ampferpflanzen, blühende Kamillengewächse und Kräuter gedeihen. Wenn man schließlich die Einöde erreicht, stößt man auf die unerbittliche Natur des Vulkans. Mit seinen vier aktiven Kraterspitzen und deren circa 300 Eruptionskanälen ähnelt er einem gigantischen Heizkessel, der täglich 400 Tonnen Gas und Schwefeldioxid auswerfen muss, um seinen Innendruck abzubauen. Der vor 500.000 Jahren entstandene Vulkan befindet sich in ständiger Entwicklung, sogar seine Höhe (etwa 3300 Meter) verändert sich durch die Ausbrüche jedes Jahr. Einige davon hatten verheerende Folgen, wie jene in den Jahren 1381 und 1669, die sogar tief im Ätna-Tal gelegene Ortschaften gefährdeten. Besonders gefürchtet sind die Ausbrüche der Nebenkegel, die sich, wie der Montagnola am Südhang, an den Flanken des Vulkans befinden. Der Osthang wiederum wird fast vollständig vom Valle del Bove bedeckt, einem etwa 6 Kilometer breiten und 7 Kilometer langen vulkanischen Hochtal, in dem ein Großteil der Ätna-Lava zusammenläuft. Der Ursprung dieses beeindruckenden Kessels, dessen Ränder ein beliebtes Ausflugsziel sind, wird dem Zusammensturz des Trifoglietti zugeschrieben, einem der beiden alten Krater, auf denen die heutige Vulkanlandschaft entstand.

230 Ein Lavafluss leuchtet in der Nacht. Die Ströme laufen die Vulkanwände hinab und legen vor dem Erhärten beachtliche Strecken zurück. Viele von ihnen fliessen in das Valle del Bove.

230-231 Der verschneite Gipfel des Vulkans ragt über die Ortschaft Regalbuto, eine Gemeinde in der Provinz Enna. Sie grenzt auf der südlichen Seite des Vulkans an Randazzo, eine der 20 Gemeinden, die in dem Naturschutzgebiet Parco dell'Etna liegen.

Archäologie: an den Wurzeln der Geschichte

„Was auch immer man tut, jeder baut ein Monument auf seine eigene Art wieder auf; aber es ist schon viel wert, wenn man authentische Steine dafür benutzt", schrieb Marguerite Yourcenar in ihren „Notizen" im Anhang der Erinnerungen des Kaisers Hadrian. *An genau solchen „authentischen Steinen" inspirierten sich die Kunst und die Architektur Italiens, die von einer großen Sensibilität für die Vergangenheit zeugen – vor allem auch dank des bedeutenden archäologischen Erbes der Halbinsel, das ein Fixpunkt für Künstler aus jeder Epoche wurde.*
Das Pantheon – von Stendhal als „der schönste Rest des antiken Roms" bezeichnet – begeisterte Andrea Palladio und die italienischen und europäischen Neoklassizisten. Auf Anordnung der Barberini ließ man die Bronzeplatten aus der Vorhalle des unter Hadrian entstandenen Tempels einschmelzen und für das von Bernini errichtete Ziborium des Petersdoms verwenden. Das war der Startschuss für die Plünderung der „authentischen Steine", aus welcher – sehr zum Schaden der antiken Monumente – das barocke Rom entstand. Das Kolosseum, heute das meistbesichtigte Bauwerk Italiens, erlitt das gleiche Schicksal und diente ebenfalls als Steinbruch für neue Gebäude, wie den Palazzo Venezia oder den Palazzo della Cancelleria. Ganze Steinblöcke aus dem riesigen Amphitheater gelangten auf diese Weise auch in den Palazzo Barberini und den Ripetta-Hafen. Papst Julius II. wiederum bedrohte zu Beginn des 16. Jahrhunderts den Erhalt des Forum Romanum, des größten Freilichtmuseums des alten Rom. Zwischen Palatin und Kapitol ließ er zahlreiche Gebäude der Stadt, einst das Herz des Imperiums, dem Erdboden gleichmachen, um aus ihnen Baumaterial zu gewinnen. Auch die Zeit tat das ihrige dazu, aber dennoch ist der einstige Glanz des Forums immer noch lebendig, wenn man zwischen den verbliebenen Ruinen spazieren geht oder eines der zahlreichen Gemälde von Giovanni Pannini und anderen großen Landschaftsmalern bewundert, die im 18. und 19. Jahrhundert die „Ruinenmalerei" begründeten und den Charme der verfallenen römischen Bauten auf die Leinwand bannten.
Es ist die Lebendigkeit der archäologischen Sehenswürdigkeiten und ihre Fähigkeit, sich neu zu erfinden, die den Betrachter immer wieder überrascht. Man denke zum Beispiel an die Arena von Verona, ein Symbol der italienischen Kultur. Nachdem sie ursprünglich ein Ort der Gladiatorenkämpfe war, finden hier nunmehr schon seit 1913 die spektakulärsten Operninszenierungen der Welt statt, sehr zur Freude der bis zu 14.000 Zuschauer, die auf ihren Rängen Platz finden. Eine ähnliche Renaissance erlebt auch das Antike Theater von Taormina, das dank seiner perfekten Akustik und seines beeindruckenden Blicks auf den Ätna zu einer beliebten Bühne für abwechslungsreiche Veranstaltungen aus den Bereichen Tanz, Kino und Theater geworden ist.
Ebenfalls auf Sizilien, in Agrigent, befindet sich eine der wichtigsten archäologischen Stätten des Mittelmeerraums. Die beeindruckenden dorischen Tempelanlagen, welche Pindar einst als die „schönste Stadt der Sterblichen" definierte, offenbaren ihre ganze Schönheit im Licht des Sonnenuntergangs. Allen voran natürlich der Concordia-Tempel, nach dem Parthenon von Athen das bedeutendste erhaltene Bauwerk aus dorischer Zeit. Fast noch intakt

sind die Tempel eines anderen archäologischen Wunders: Paestum, das einstige Poseidonia, wurde um 600 v. Chr. unweit der Mündung des Flusses Sele gegründet. Die Faszination der „authentischen Steine" vermischt sich hier mit der Leidenschaft der Malerei. Die bemalten Steinplatten des sogenannten Grabes des Turmspringers sind das einzige erhaltene Beispiel von Malerei aus dem antiken Griechenland. Eine weitere springende Figur kann man in Tarquinia bewundern, der größten Galerie etruskischer Kunst, die mit ihren Grabmalereien sicherlich Einfluss auf die Kunst Paestums hatte. Die Dekorationen der 200 Gräber am Monterozzi-Hügel, wo die Hauptnekropole der etruskischen Siedlung liegt, umspannen einen Zeitraum, der von dem Höhepunkt dieser Kultur bis zum Beginn der römischen Republik reicht. Es handelt sich dabei um ein derartig beeindruckendes Vermächtnis, dass es den Titel „das erste Kapitel in der Geschichte der italienischen Malerei" verdient hätte. Das zweite Kapitel wiederum wird ohne Zweifel von Pompeji geschrieben, einer Art Pinakothek des alten Rom, denn fast alle Gebäude der Stadt werden von zauberhaften Wandmalereien geschmückt. Pompeji war 17 Jahrhunderte lang verschüttet und verdankt seinen beeindruckenden Erhaltungszustand einem Ausbruch des Vesuvs, der 79 n. Chr. die Stadt und die umliegenden Gebiete unter seiner Asche begrub. Ein tragisches Ereignis, das die Zeit in dem Moment der Katastrophe anhielt und somit verhinderte, was im Rest des römischen Reiches geschah: die Überlagerung immer neuer Bauschichten, der „ständige Wiederaufbau des Monuments auf eine eigene Weise", wie es Marguerite Yourcenar beschrieb. Der unbeschreiblich realistische Effekt, der Pompeji zu einem wirklich einzigartigen Erlebnis macht, ist der genialen Intuition des Archäologen Giuseppe Fiorelli zu verdanken. Indem er die Hohlräume, die von den toten Körpern der Einwohner Pompejis in der Asche hinterlassen worden waren, mit flüssigem Gips ausgießen ließ, sind noch heute direkte Zeugnisse der durch den Vulkanausbruch ausgelösten menschlichen Katastrophe von damals erhalten. Fiorelli griff hiermit gewissermaßen der 3-D-Technologie vor, die heute oftmals im Fernsehen gezeigt wird und die uns in Museen auf der ganzen Welt dabei unterstützt, die „authentischen Steine" unserer Vorfahren besser nachzuvollziehen.

Um die jüngste archäologische Sehenswürdigkeit Italiens zu begreifen, sind hingegen keine Hilfsmittel notwendig. Sie befindet sich in Ravenna, der Stadt, die im 5. und 6. Jahrhundert drei Mal Hauptstadt war. Dank ihrer frühchristlichen und byzantinischen Monumente wurde sie 1996 von der UNESCO zum Weltkulturerbe erklärt. Man könnte Ravenna als eine Art Pompeji des Hochmittelalters bezeichnen. Die Mosaike, auf denen die Geschichte der Stadt dargestellt ist, reichen aus, um uns in die Vergangenheit zu entführen. Ob man nun das Baptisterium Neoniano, das Mausoleum der Galla Placidia oder die Kirche Sant'Apollinare Nuovo betritt, das Stendhal-Syndrom lauert überall. Und Ravenna ist nicht der einzige Ort, an dem man davon befallen werden könnte – ebenso beeindruckend sind beispielsweise die Bronzefiguren von Riace aus dem 5. Jahrhundert v. Chr.: zwei kolossale Kriegerstatuen aus Bronze, die 1972 im Meer von Kalabrien gefunden wurden und als Vertreter der absoluten Meisterwerke griechischer Kunst in die Geschichte eingingen.

Die Arena wird zur Oper

Verona

Wo einst Gladiatoren gegeneinander antraten, singen heute Tenöre. Wo einst Bären und Löwen in den Gewölben aus rosa Kalkstein auf ihre Befreiung warteten, befinden sich heute Büros, Umkleideräume und die Werkstätten von Bühnen- und Kostümbildnern. Die Arena von Verona beherbergt eine der komplexesten Opernbühnen der Welt. Das zur Zeit von Kaiser Augustus erbaute römische Amphitheater bietet nunmehr seit über 2000 Jahren ein erstaunlich vielfältiges Programm an, das von den Kampfveranstaltungen des alten Rom über mittelalterliche Turniere, Stierkämpfe und Zirkusvorführungen bis zu den heutigen Opernfestspielen und Rockkonzerten reicht. Ein Ort wie dieser ist für Großveranstaltungen natürlich bestens geeignet – immerhin ist die Arena von Verona nach dem Kolosseum von Rom und der Arena von Capua das drittgrößte erhaltene Amphitheater der Welt, sie verfügt über eine perfekte Akustik und nimmt über 14.000 Zuschauer auf. Aber dennoch ist die Arena heute ganz anders als zur Zeit ihrer Erbauung, als sie sich außerhalb der Stadtmauern befand. Von dem äußersten der drei konzentrischen Ringe, welche die Zuschauerränge tragen, ist heute nur noch der sogenannte „Flügel" (italienisch: „l'ala") erhalten: vier dreistufige Bögen aus veronesischem Kalkstein. Sie überlebten sogar das furchtbare Erdbeben von 1117, das die monumentale Fassade des Bauwerks fast vollständig zerstörte. Im Inneren der Arena befindet sich die aus 44 Stufenrängen bestehende große Zuschauertribüne, auf der seit einem Jahrhundert die Opernfreunde Platz finden. Am 10. August 1913, zum hundertsten Geburtstag von Giuseppe Verdi, eröffnete man hier die erste Opernsaison mit einer Aufführung von *Aida*, dem spektakulärsten Werk des Komponisten, das seitdem untrennbar mit der Arena verbunden ist. Über 500 Mal wurde es inzwischen dort aufgeführt! Auch im Programm zu Verdis zweihundertstem Geburtstag durfte *Aida* natürlich nicht fehlen, gleich zwei Mal wurde die Oper gezeigt: einmal in der Version von 1913 und einmal in einer modernen Inszenierung der katalanischen Theatergruppe „La fura dels Baus".

234 Der venezianische Tenor Giovanni Zenatello rief die grosse Opernsaison der Arena von Verona ins Leben, die jedes Jahr 1200 Menschen beschäftigt. Nach Aida ist Carmen von Bizet die meistaufgeführte Oper. Aida wurde in der Arena von Verona erstmals am 10. August 1913 anlässlich des hundertsten Geburtstages von Verdi gezeigt. Bei der Aufführung waren unter anderem Puccini, Mascagni und Kafka anwesend.

234-235 Der sogenannte „Flügel“ besteht aus fünf Säulen und vier Bögen, die sich über allen drei Geschossen erheben. Es ist das einzige Stück, das von dem grossen Aussenring geblieben ist, der einst die Fassade der Arena von Verona prägte. Der innere Ring besteht aus 72 zweigeschossigen Arkaden aus weissem Valpolicella-Kalkstein und formt eine Ellipse von circa 45 mal 74 Metern. Im Innenraum der Arena befinden sich 45 Stufen.

Der Glanz des Oströmischen Reichs

Ravenna

Den Vater der Psychoanalyse selbst auf die Patientenliege zu bringen, das schafft sicher nicht jeder. Das weiß man in Ravenna ganz genau, denn diese Stadt regte mit ihren beeindruckenden Mosaiken die Fantasie von Carl Gustav Jung so sehr an, dass er glaubte, etwas gesehen zu haben, was es in Wirklichkeit gar nicht gab: ein Mosaik, auf dem Christus abgebildet ist, wie er die Hand des heiligen Sankt Petrus hält. Dies ereignete sich in den Dreißigerjahren des letzten Jahrhunderts, als der Wissenschaftler das Baptisterium Neoniano besichtigte, eines der frühchristlichen und byzantinischen Monumente der Stadt, die auf der Liste des UNESCO-Weltkulturerbes stehen. Im 5. und 6. Jahrhundert wurde Ravenna ganze drei Mal zur Hauptstadt erklärt: vom Weströmischen Reich (402 bis 476), unter gotischer Herrschaft (493 bis 526) und schließlich auch vom byzantinischen Exarchat (540 bis 751). Die Mosaiken sind ein Zeugnis der großen Macht Ravennas in einer sonst eher für den Niedergang bekannten Epoche: Es war die Zeit des beginnenden Mittelalters. Die ältesten Mosaiken der Stadt sind die des Baptisteriums Neoniano und des Mausoleums der Galla Placidia, welches über eine prachtvolle Sternendecke im klassisch römisch-hellenistischen Stil verfügt. Einem „Barbaren“ wiederum, nämlich dem ostgotischen König Theoderich, sind zwei weitere mit meisterhaften Mosaiken geschmückte Bauten zu verdanken. Es handelt sich um zwei ursprünglich dem arianischen Glauben geweihte Kirchen, zum einen Sant'Apollinare Nuovo mit ihren zauberhaften Abbildungen der Jungfrauen und der Märtyrer, die als Annäherungspunkt zwischen *Romanitas* und *Barbaritas* gilt, und zum anderen das Baptisterium der Arianer mit seiner zentralen Kuppeldarstellung der Taufe Christi, umgeben von den zwölf Aposteln. Der östliche Einfluss wird besonders in der Dekoration der dreischiffigen Basilika San Vitale deutlich. Ihr zentraler, auf achteckigem Grundriss erbauter Nukleus wird von einer mit Fresken ausgemalten Kuppel überspannt und enthält einen Mosaikzyklus, der den Kaiser Justinian mit seinem Hofstaat abbildet. Dieses Werk gilt als das bedeutendste frühchristliche Werk Italiens. Die Basilika Sant'Apollinare in Classe, acht Kilometer von Ravennas Zentrum entfernt, entstammt der byzantinischen Zeit und wurde in der ersten Hälfte des 6. Jahrhunderts erbaut. Ursprünglich sollte sie an der adriatischen Küste errichtet werden, steht nun aber doch einige Kilometer vom Meer entfernt. Hier kann man ihre prachtvolle Apsis mit der Darstellung des Apollinaris von Ravenna bewundern. Die zwölf Schafe, die den Heiligen umgeben, symbolisieren die Apostel Christi.

236 *Im Zentrum des vierteiligen Kreuzrippengewölbes im Chorraum von San Vitale thront das Agnus Dei, das von siebenundzwanzig goldenen und silbernen Sternen umgebene Lamm Gottes.*

237 *San Vitale ist ein Meisterwerk der frühchristlichen Kunst in Italien. Durch den von einer Kuppel überspannten zentralen Nukleus unterscheidet sich der auf achteckigem Grundriss errichtete Bau von dem Kanon der östlichen Kunst.*

238-239 Das Mosaik auf der Südwand der Apsis von San Vitale zeigt Theodora mit ihrem Hofstaat, bestehend aus sieben weiblichen und männlichen Figuren, in deren Mitte die byzantinische Kaiserin und Gattin Justinians schreitet.

239 Auf der Nordwand der Basilika ist Justinian dargestellt. Die Prozessionen des Herrscherpaares zeigen die Gabe des Kelches und der Patene an die Kirche anlässlich der Heiligsprechung von San Vitale.

240-241 Das Leopardengrab verdankt seinen Namen den auf dem Tympanon abgebildeten Tieren. Es ist das berühmteste der unterirdischen Gräber in der Nekropole von Monterozzi, die 2004 von der UNESCO zum Weltkulturerbe erklärt wurde.

241 Der Hügel von Monterozzi, die Hauptnekropole von Tarquinia, erhielt seinen Namen von den noch heute erkennbaren Hügelgräbern, die zum Grossteil über den in den Stein gehauenen Gräbern lagen.

Das bunte Leben auf Gräber gemalt

Tarquinia

Eine fremde Kultur durch ein Schlüsselloch beobachten: Beim Abstieg in die Gräber von Monterozzi, die größte Nekropole Tarquinias (rund 6000 Bestattete), hat man tatsächlich den Eindruck, als könne man den Alltag der Etrusker beobachten, ohne selbst dabei gesehen zu werden. In sehr vielen der über 140 mit Wandmalereien verzierten Grabstätten der Totenstadt findet man Verweise auf die Welt der Lebenden. Die etruskische Vorstellung vom Tod als Fortführung des irdischen Lebens wird in den an Wänden und Decken aufgebrachten Darstellungen von Banketten, Tänzen, Spielen und weiteren besonderen Momenten aus dem Leben der hier Beigesetzten deutlich. Ebenso bilden die Gräber die Struktur der irdischen Behausungen jener Zeit nach, wodurch uns ein unermesslicher Einblick in das Leben vor 3000 Jahren ermöglicht wird, ein im ganzen Mittelmeerraum einmaliges Zeugnis. Die etruskischen Totenmalereien sind das einzige Beispiel von Malerei, die zeitgleich mit der – fast vollständig verlorenen – Malerei der alten Griechen existierte und die Zeit bis in unsere Tage überdauert hat. Die Wandgemälde stammen aus einem Zeitraum, der vom 6. Jahrhundert v. Chr. bis zur Mitte des 1. Jahrhunderts n. Chr. reicht, also vom Höhepunkt der etruskischen Kultur bis zum Ende der römischen Republik. Nicht alle Gewölbe können heute besichtigt werden, aber die 19 für den Besucher zugänglichen Grabstätten der Nekropole vermitteln einen guten Eindruck der etruskischen Grabeskunst. Das bekannteste ist das *Leopardengrab* (5. Jahrhundert v. Chr.), das seinen Namen den zwei großen im Tympanon dargestellten Raubkatzen verdankt. Die Darstellung eines Banketts zu Ehren des Verstorbenen beeindruckt mit ihren roten Ockertönen, dem Schwarz, Blau und den lebendigen Grüntönen. Auch das *Grab der Jagd und der Fischerei* ist wunderschön. Es handelt sich hierbei um zwei miteinander verbundene Räume, deren Wände mit einer Meereslandschaft voller Fische und Vögel ausgemalt sind. Außerdem sind dort ein Jäger und ein ins Wasser springender Schwimmer abgebildet, der starke Ähnlichkeit mit dem auf der berühmten Grabplatte aus Paestum dargestellten Turmspringer hat.

242-243 FÜR DEN BAU DES FLAVISCHEN AMPHITHEATERS IM TAL ZWISCHEN PALATIN, ESQUILIN UND CAELIUS BRAUCHTE MAN 100.000 KUBIKMETER TRAVERTIN. BEI EINER HÖHE VON FAST 50 METERN HAT ES EINEN AUSSENDURCHMESSER VON 188 UND EINEN INNENDURCHMESSER VON 156 METERN.

243 DAS KOLOSSEUM HATTE 80 EINGANGSARKADEN, VON DENEN 76 FÜR DIE ZUSCHAUER BESTIMMT WAREN. DIE RESTLICHEN VIER WAREN IN DIE VIER HIMMELSRICHTUNGEN AUSGERICHTET UND DIENTEN ALS EINGÄNGE FÜR DEN KAISER, DIE SENATOREN UND ANDERE ANGEHÖRIGE DER OBERSCHICHT.

Das Kolosseum: eine Geschichte von Blut und Ruhm

Rom

Es war ein gigantisches Prestigeprojekt, womöglich das größte und erfolgreichste aller Zeiten: Das Amphitheatrum Flavium, besser bekannt als das Kolosseum. Begonnen unter Vespasian und vollendet unter Titus im Jahr 80 n. Chr., ist es im kollektiven Gedächtnis unauslöschlich mit der Macht und dem Glanz des alten Rom verbunden. Der große ellipsenförmige Bau aus drei übereinander angeordneten Arkadenreihen steht zwischen den Hügeln Esquilin, Palatin und Caelius auf einem Teil des ehemaligen Geländes der Domus Aurea Kaiser Neros und hat über die Jahrhunderte seine Rolle als außergewöhnliches historisches Zeugnis bewahrt. Vom Mittelalter bis zur Renaissance durfte es auf keiner römischen Vedute fehlen, Tausenden in Rom gedrehten Filmen diente es als Kulisse. Kürzlich erwarb Diego Della Valle sogar eigens die exklusiven Bildrechte für seinen Konzern Tod's und zahlte dafür die beachtliche Summe von 25 Millionen Euro, die für die Restaurierung des Bauwerks (die erste seit 1939) und zur Errichtung eines neuen Service-Centers eingesetzt werden. Doch Restaurierungen beiseite, es genügt schon, einmal die Augen zu schließen und die eigene Vorstellungskraft anzustrengen, um das Kolosseum so wie einst vor sich zu sehen, als dort noch Gladiatoren kämpften und man die sogenannten *Venationes* veranstaltete, Tierhetzen, bei denen Nilpferde, Giraffen, Elefanten, Löwen und Tiger gegeneinander antraten. Dank der Anwesenheit der Vestalinnen und des gottähnlichen Imperators haftete den Darbietungen eine fast sakrale Atmosphäre an. Circa 50.000 Zuschauer fanden auf der nach sozialen Rängen horizontal in fünf Sektoren (*maeniana*) unterteilten Tribüne Platz. Die Standeszugehörigkeit bestimmte den Sitzplatz im Kolosseum, der Eintritt war jedoch für alle Besucher gleichermaßen kostenlos. Zu Beginn jeder Veranstaltung richteten sie ihre Aufmerksamkeit nach Nordwesten, wo sich einer der beiden monumentalen Eingänge, die Porta Triumphalis, öffnete. Von dort betraten, zu Fuß oder auf Karren, die kampfbereiten Gladiatoren die Arena, welche zu diesen Anlässen mit Sand ausgestreut wurde. Aus der Porta Libitinensis hingegen trug man die verletzten Tiere und die Leichen gefallener Gladiatoren hinaus. Dies geschah bis zum Jahr 404 n. Chr., als Kaiser Flavius Honorius diese Art der Kämpfe endgültig verbot.

Das Forum: das Herz der ewigen Stadt

Rom

Ein riesiger „Maschinenraum", der schönste, den man sich für ein grenzenloses Imperium überhaupt vorstellen kann. Das Forum Romanum, das sich zwischen dem Palatin und dem Kapitol erstreckt, war für Jahrhunderte das Herz des wirtschaftlichen, politischen und religiösen Lebens der antiken Metropole. Eine Bühne, auf der das Reich seine Macht über den Rest der Welt zur Schau stellte. Das Forum entstand nach der Trockenlegung eines Sumpfgebietes durch Tarquinius Priscus als Versammlungsort und Handelszentrum, das sich rasch zu einem Stadtviertel mit Tempeln, Gerichtsgebäuden, Basiliken und Märkten entwickelte. Dieser beeindruckende Platz, erbaut mit Marmor aus allen Regionen des Imperiums, bildete die Kulisse aller Siege und Niederlagen des Römischen Reiches. Bis zum Jahr 608 n. Chr. wurden hier neue Bauwerke errichtet, zuletzt die monumentale Phokas-Säule. Danach begann der Niedergang des Forum Magnum, wie es die Römer nannten. Tempel und Gebäude stürzten nach und nach ein und wurden zu Weideflächen für das Vieh. In der Renaissance dann nutzte man das Forum als eine Art Marmorsteinbruch, bis es endlich zum Ende des 18. Jahrhunderts wiederentdeckt wurde. Eingerahmt von dem Himmel Roms liegt das Forum Romanum ausgebreitet da wie ein Geschichtsbuch, in dessen Ruinen man lesen kann: vom Titusbogen, den der Senat zu Ehren der Siege des Kaisers Titus in Jerusalem zu Füßen des Palatins errichtete, bis zur Maxentiusbasilika, an der sich Bramante wahrscheinlich für den Bau des Petersdoms inspirierte. Entlang der Via Sacra liegt auch der Tempel der Vesta mit dem nahe gelegenen Haus der Vestalinnen, sowie der Tempel des Antoninus Pius und der Faustina. Letzterer ist uns in einem hervorragenden Zustand erhalten geblieben, da er in die Kirche San Lorenzo in Miranda umgewandelt wurde. Unter den am besten erhaltenen Gebäuden befinden sich auch die Basilika Aemilia, in römischer Zeit Verwaltungssitz der Justiz, und die Curia Iulia, die zuletzt 283 n. Chr. von Diokletian neu errichtet wurde. Links neben dem von Julius Caesar für den Senat gestifteten Gebäude erheben sich vor dem Palatin die beiden bedeutendsten Monumente des Forums: der dreitorige Triumphbogen des Septimius Severus sowie die acht Säulen des Saturntempels, in dem sich einst das Aerarium – die Staatskasse Roms – befand.

244 Das Forum Romanum war das politische und religiöse Herz des imperialen und republikanischen Roms. Es befindet sich in einem Sumpfgebiet, das zum Ende des 7. Jahrhunderts v. Chr. von Tarquinius Priscus trockengelegt wurde.

244-245 Von den Säulen des Saturn-Tempels, dem einstigen Sitz der römischen Staatskasse, reicht der Blick von den drei erhaltenen Säulen des Aedes Castoris über die Basilika Santa Francesca Romana bis zum Forum Romanum.

246 Der 203 n. Chr. errichtete dreitorige Triumphbogen des Septimius Severus zelebriert den Sieg des Kaisers über die Parther. Auf den Säulensockeln sind Reliefs mit römischen Soldaten und Gefangenen zu sehen.

247 Auf der Nordseite des Titusbogens ist die triumphierende Quadriga mit dem von der Siegesgöttin Viktoria gekrönten Kaiser zu sehen. Der Zug wird angeführt von der Göttin Roma, welche die Pferde am Zügel hält.

Das Pantheon, der Tempel aller Tempel

Rom

Rom so zu sehen, wie es einst den Römern erschien – es gibt nur einen einzigen Ort (abgesehen von den Ruinen und den zahlreichen virtuellen Rekonstruktionen), an dem dies wirklich möglich ist: Das Pantheon, wo die Zeit vor fast 2000 Jahren scheinbar stehen blieb. Zu dem Zeitpunkt nämlich ließ Kaiser Hadrian den allen Göttern geweihten Tempel an der Stelle neu errichten, an welcher vorher ein anderer, von Konsul Markus Agrippa erbauter Tempel gestanden hatte, der während eines Brandes zerstört worden war. Wenn wir, wie einst der aufgeklärteste der römischen Kaiser, heute noch über den gleichen Marmorfußboden schreiten und den riesigen runden Innenraum des Gebäudes bewundern können, verdanken wir dies Bonifaz IV. Der Papst erhielt das Gebäude als Geschenk von dem byzantinischen Herrscher Phokas und rettete es durch die Umwandlung in die Kirche Maria ad Martyres im Jahr 608 vor der Zerstörung. Nicht nur die Wurzeln des Pantheons haben ferne Ursprünge, sondern auch seine Baumaterialien.

Hadrian war ein leidenschaftlicher Reisender und verlangte für seinen Tempel ägyptischen Marmor aus Assuan, aus dem man die 16 monolithischen Säulen des Eingangsportals fertigte. In dem auf ihnen ruhenden Tympanon, das heute leer ist, war einst ein Bronzerelief zu sehen. Die Bronzen des Vorhallengebälks hingegen sind nicht komplett verloren gegangen. Man kann sie noch heute in den spiralförmigen Säulen des monumentalen Baldachins im Petersdom bewundern, in welche sie von Bernini integriert wurden. Dieser „Diebstahl" ereignete sich unter Papst Urban VIII. Barberini und ist die Quelle für die Entstehung des bekannten italienischen Sprichworts: „Was nicht die Barbaren waren, waren die Barberini". Der Innenraum des Pantheons blieb wie durch ein Wunder intakt. Seine Kuppel mit dem Durchmesser von 43,45 Metern (entsprechend der Höhe des Zylinders, über den sie sich spannt) ist noch heute die größte gemauerte tragende Kuppel der Welt. Sie verfügt über eine mittige Öffnung von 9 Metern Durchmesser, das „Oculus", durch welches Licht ins Innere des Gebäudes fällt und den ganzen Raum auf diese Weise gleichmäßig ausstrahlt. Die Römer waren überragende Architekten, denen die Konstruktion der Kuppel dieses Gebäudes, das Stendhal als „den schönsten Rest der römischen Antike" definierte, dank eines besonderen Betons gelang. Statt Kies wurden ihm Materialien hinzugefügt, die immer leichter wurden, je höher die Kuppel wuchs: zuerst Kalkstein und weiter oben der extrem leichte Bimsstein.

248 Der Oculus, die Öffnung am höchsten Punkt der Kuppel des Pantheons, ist der einzige Punkt, durch den Licht in den Innenraum des Gebäudes fällt. Wenn es regnet, fliesst das Wasser durch 22 kaum erkennbare Löcher im Boden ab.

248-249 Heute ist das Tympanon des Pantheons leer, im antiken Rom war dort jedoch ein Bronzerelief zu sehen. Auf der dreieckigen Fläche sind heute noch die Löcher zur Verankerung des dekorativen Bauelements erkennbar.

250-251 *In den Mauern des Pecile, dem langgestreckten Säulengang, in dessen Mitte sich ein grosses rechteckiges Wasserbecken befindet, liess Hadrian die hundert Kammern errichten, in denen die Dienerschaft der Villa untergebracht war.*

251 *Die kurze Nordseite des Canopus, des Nachbaus eines ägyptischen Ambientes, wurde von einem Säulengang abgeschlossen. Die symbolträchtigen Statuen von Athene, Ares und Hermes werden heute durch Gipskopien ersetzt.*

Hadrians Erinnerungen

Tivoli

„Ich wusste genau, dass dieses enge Tal mit seinen unzähligen Olivenbäumen nicht das griechische Tempetal war, aber ich hatte nun ein Alter erreicht, in dem einen jeder schöne Ort an einen anderen, noch schöneren erinnert, und in dem einen jeder Genuss an bereits erlebte Genüsse denken lässt." Mit diesen Worten lässt die Schriftstellerin Marguerite Yourcenar Kaiser Hadrian den Geist der Villa in Tivoli beschreiben, die der römische Herrscher zwischen 117 und 135 n. Chr. etwa 30 Kilometer vor Rom in den Hügeln errichten ließ. Das imposante Anwesen, mit seinen 120 Hektar fast so groß wie eine ganze Ortschaft, spiegelt mit seinen Palästen und Gartenanlagen das Wesen seines Erbauers wider. Die *Erinnerungen des Kaisers Hadrian* stehen dem Besucher hier bildhaft vor Augen, denn jeder Stein der 1999 zum Weltkulturerbe erklärten Villa berichtet von Hadrians Leidenschaft für das Schöne und von seiner Vorliebe für lange Reisen durch die Provinzen seines Reiches. So erinnert beispielsweise der Pecile, ein langgestreckter Säulengang um ein ausladendes rechteckiges Wasserbecken, an die Agora von Athen. Die Überreste des Antinoeion wiederum zeugen von einem Grabmal im ägyptischen Stil, das Antinoos gewidmet war, einem jungen Günstling des Kaisers, der mit kaum zwanzig Jahren im Nil ertrank. Von der privaten Seite Hadrians ist wiederum das Teatro Marittimo geprägt, das Bauwerk, welches am eindrucksvollsten die architektonische Komplexität der Hadriansvilla vermittelt: ein rundes, von einem Laubengang umgebenes Becken, in dem sich die ionischen Säulen spiegeln. In der Mitte des Gewässers erhebt sich auf einer künstlichen Insel die Miniatur des Herrscherpalastes, in welche sich Hadrian gern zum Nachdenken zurückzog. Für Feste nutzte der Kaiser hingegen den Canopus, einen Nachbau des ägyptischen Kanals, der Alexandria mit der Stadt Canopus verband, welche für ihre prächtigen Bankette berühmt war. Der 119 Meter lange und 18 Meter breite Kanal mündet in ein halbrundes Brunnengebäude und wird von Säulen und Statuen gesäumt. Deren Originale, darunter vier dem Erechtheion von Athen nachempfundene Karyatiden, werden im nahe gelegenen Antiquarium verwahrt, das mit verschiedenen Ausstellungen zum Besuch einlädt.

252-253 Die Geschichte Pompejis beginnt mit den Opici, einem italischen Volksstamm aus Kampanien, der sich im 2. Jahrhundert v. Chr. am Rand eines alten Lavastroms an den Südhängen des Vesuv niederliess.

253 Der Tempel des Apoll (6. Jahrhundert v. Chr.) ist einer der ältesten von Pompeji. Die Bronzestatuen von Apollon und Diana im Innenraum sind Reproduktionen. Die Originale befinden sich im Archäologischen Museum von Neapel.

Die Pinakothek des alten Rom

Pompeji

Den Oscar für Sarkasmus hat eindeutig Goethe verdient, der in seiner *Italienischen Reise* Folgendes über Pompeji schreibt: „Viele Unglücke hat die Welt schon gesehen, aber kaum eines mag der Nachwelt so viel Freude bereitet haben." Seine Worte beziehen sich auf den zerstörerischen Ausbruch des Vesuv, der am 24. August im Jahr 79 n. Chr. die kampanische Stadt in einer Wolke aus giftigen Gasen, Asche und Bimsstein dem Erdboden gleichmachte. Was für die Stadt eine Tragödie war, erwies sich für die Kunstgeschichte als ein kleines Wunder, ein Anhalten der Zeit, das uns die bedeutendste „Pinakothek" des alten Rom überlieferte. Als man 1763 nach über 1600 Jahren der Vergessenheit mit den Ausgrabungen dessen begann, was unter einer meterdicken Ascheschicht geruht hatte, war die Überraschung grenzenlos. Das lag zum einen an der 66 Hektar großen Fläche und zum anderen an dem perfekten Erhaltungszustand der nun freigelegten Wandmalereien. Diese galten einst als der Schatz der Stadt, welche wegen ihrer strategisch günstigen Lage in der Nähe des Sarno-Deltas eine der reichsten am Golf von Neapel gewesen war. Nach dem Anschluss an das römische Reich im Jahre 91 v. Chr. waren zahlreiche öffentliche und private Prachtbauten entstanden, ähnlich denen der Hauptstadt. Fast alle der 900 Häuser und Villen Pompejis besaßen Wandmalereien, von denen viele sich auf das Erbe großer hellenistischer Künstler bezogen. Der Großteil der Malereien geht auf die Zeit unmittelbar nach dem Jahr 62 n. Chr. zurück, in welchem ein schweres Erdbeben Pompeji bereits fast zerstört hätte. Die Wandmalereien kann man heute an der Ausgrabungsstelle oder im Archäologischen Museum von Neapel besichtigen, wo seit der bourbonischen Zeit eine imposante Sammlung von den Wänden abgetrennter Fresken verwahrt wird. Die berühmtesten Malereien der vom Unglück verfolgten Stadt jedoch stammen aus dem ersten Jahrhundert v. Chr. Es ist die beeindruckende Megalographie in der Mysterienvilla, der gewaltigsten Darstellung lebensgroßer Figuren, die aus der Antike erhalten ist. Die Fresken auf leuchtend rotem Grund gelten als das bedeutendste Zeugnis römischer Malerei.

254-255 Das Haus der Vettier ist eines der besten Beispiele des vierten pompejanischen Stils, den man auch als Stil der perspektivischen Illusion bezeichnet. Der Bankettsaal beherbergt den berühmtesten Malereikomplex des Hauses.

255 Das Haus des Marcus Lucrezius Fronto, eines Priesters aus dem Tempel des Mars, wurde 1895 ausgegraben. Es handelt sich um ein kleines Stadthaus aus der Kaiserzeit mit interessanten Malereien im dritten und vierten pompejanischen Stil.

Das Meisterwerk der Sybariten

Paestum

Kulturelle Blüte und Reichtum, davon zeugen die Ruinen von Paestum, die im Jahre 1752 aus der Vergangenheit auferstanden sind. Die Stadt ist ein Zeugnis des von Luxus und raffinierten Genüssen geprägten Lebens ihrer Bewohner. Es waren Griechen aus Sybaris, die zwischen dem 7. und dem 6. Jahrhundert v. Chr. hier, unweit der Mündung des Flusses Sele, eine befestigte Siedlung gründeten. Der Ort war ideal, windgeschützt, reich an Vegetation und durch die kreuzenden Handelswege auch strategisch günstig gelegen. Zu Ehren des Meeresgottes nannten sie ihre Stadt Poseidonia und umgaben sie zu ihrem Schutz mit fünf Kilometer langen und fünf Meter dicken Mauern, die heute zu den am besten erhaltenen der Antike gehören. Der Mauergürtel steht am Rand einer Kalkterrasse, hat die Form eines Pentagons und verfügt über ein großes Tor in jede Himmelsrichtung. Zur Verstärkung der Mauer errichtete man zudem viereckige Türme. Im Inneren der Mauern liegen die Juwelen Paestums: die drei dorischen Tempel im heiligen Teil der Stadt. Der älteste von ihnen (Mitte des 6. Jahrhunderts v. Chr.) ist gleichzeitig auch der größte. Der als „Basilika" bekannte Tempel war eigentlich der Göttin Hera geweiht, ebenso wie der fälschlicherweise als Poseidontempel bezeichnete Bau (5. Jahrhundert n. Chr.) ganz in der Nähe. Beide Bauwerke sind zu allen Seiten von Säulen umgeben. Hinter dem Forum, das nach der römischen Eroberung die griechische Agora ersetzte, steht der Ceres-Tempel, der mit aller Wahrscheinlichkeit eigentlich Athene geweiht war, da er am höchstgelegenen Punkt der Stadt erbaut wurde. Auch das wichtigste Fundstück Paestums, das heute im dortigen Museum ausgestellt wird, geht auf die dorische Zeit der drei Tempel zurück: die bemalten Platten vom Grab des Turmspringers, der einzigen erhaltenen Malerei aus dem Alten Griechenland. Neben dem Sprung ins Wasser, der ein Symbol für den Übergang vom Leben in den Tod darstellt, zeigen die Platten ein Bankett und lustwandelnde Menschen. In dem Museum sind auch mehrere wundervoll ausgemalte Gräber zu besichtigen. Sie entstammen der lukanischen Epoche von Poseidonia, die im Jahr 410 v. Chr. begann und der die Römer 273 v. Chr. ein Ende setzten, indem sie die Stadt eroberten und sie in Paestum umbenannten.

256 Der auch als Ceres-Tempel bekannte Athena-Tempel (500 v. Chr.) ist kleiner als die Hera und Neptun geweihten Tempelanlagen in Paestum. Der Giebel des Bauwerks ist ein ganz besonderes Beispiel der griechischen Architektur.

256-257 Der Tempel der Hera, der wichtigsten Gottheit von Poseidonia, ist auch als Basilika bekannt. Er steht im südlichen Teil von Paestum, gleich neben dem Neptun-Tempel, dem am besten erhaltenen dorischen Bau des antiken Griechenlands.

258 Die Dekorationen im 1968 wiederentdeckten Grab des Turmspringers (480 v. Chr.) erinnern an die Keramikmalerei des strengen Stils. Die Szene, die dem Grab seinem Namen verlieh, ist auf dem Grabdeckel zu sehen.

258-259 Auf den Seitenwänden im Grab des Turmspringers sind Darstellungen von Banketten und Figurengruppen zu sehen, die musizieren oder Spiele spielen.

Wo die Perfektion Gestalt annimmt

Reggio Calabria

Überwältigt von Schönheit, so fühlt sich der Betrachter der Bronzefiguren von Riace, die wie keine andere Figur vor ihnen den männlichen Körper verherrlichen. Durch einen römischen Taucher wurden die beiden Figuren erst 1972 in acht Metern Tiefe im Ionischen Meer vor Riace entdeckt. Seit ihrer Bergung rufen die beiden griechischen Helden nun bei den Museumsbesuchern eine Art kollektiven Rauschzustand hervor. 1980 bildeten sich unvergleichbar lange Menschenschlangen vor dem Archäologischen Museum von Florenz, als die beiden Bronzefiguren nach der von der Werkstatt „Opificio delle Pietre Dure" durchgeführten Restaurierung erstmals dem Publikum gezeigt wurden. Die von den beiden kolossalen Kriegern aus dem 5. Jahrhundert v. Chr. hervorgerufene Begeisterung ging damit noch weit über ihre archäologische Bedeutung hinaus. Zusammen mit dem Wagenlenker von Delphi und dem Poseidon vom Kap Artemision gehören die beiden Figuren zu den wenigen erhaltenen Bronzeplastiken der großen Meister des antiken Griechenlands. Die Krieger von Riace überraschen vor allem mit ihrer authentischen Körperlichkeit, der künstlerischen Perfektion, mit der die einzelnen Muskelpartien von Brust, Bizeps, Schultern und Oberschenkeln ausgearbeitet wurden. Zum Realismus der beiden 205 und 198 Zentimeter großen Statuen, die man „den Jüngeren" (A) und „den Älteren" (B) taufte, tragen auch raffinierte Details, wie ihre aus Kupfer gearbeiteten Lippen und Brustwarzen, die Zähne und Wimpern aus Silber sowie die elfenbeinernen Augen bei. Nach wie vor sind die beiden Figuren, die man 1982 nach Kalabrien zurückbrachte, von vielen Geheimnissen umgeben. Eines davon ist die Frage nach ihrer Herkunft und der Identität der Künstler, die sie schufen. Dass es sich um die Darstellungen zweier Athleten oder Krieger handelt, belegt die Armhaltung der Figuren, die in einer Hand wahrscheinlich einst eine Lanze oder einen Speer, in der anderen vermutlich einen Schild hielten. Als gesichert gilt hingegen, dass sie nicht gleichzeitig entstanden. Auf der Grundlage stilistischer Vergleiche geht man heute davon aus, dass der Jüngere wahrscheinlich dem strengen Stil um 460 v. Chr. zugeordnet werden kann, während der Ältere mit einer Entstehung um 430 v. Chr. der klassischen Epoche entstammt.

260 *Ein würdevoller Ausdruck ruht auf dem Gesicht des „Jüngeren", einer der beiden griechischen Statuen, die 1972 vor Riace geborgen wurden. Aller Wahrscheinlichkeit nach stammt diese Bronzeskulptur aus der zweiten Hälfte des 5. Jahrhunderts v. Chr.*

261 *Der auch als Miltiades bezeichnete „Ältere" ist die grössere der beiden Bronzestatuen von Riace (zwei Meter). Eine Zeit lang mutmasste man, dass die an den strengen Stil erinnernde Figur ein Werk des Athener Bildhauers Phidias sein könnte.*

262-263 Die Zuschauertribüne des griechischen Theaters wurde vertikal von acht Treppen geteilt. Sie begannen im Zuschauerraum und reichten bis zur angrenzenden Mauer, durch die acht Türen in einen überdachten Korridor führten.

263 Von der Zuschauertribüne hat man einen beeindruckenden Blick auf die Küste und die verschneiten Hänge des Ätna. Auf der Bühne kann man heute noch sechs Säulenfüsse und vier Säulen im korinthischen Stil bewundern, die dort Ende des 19. Jahrhunderts aufgestellt wurden.

Klassik mit Aussicht

Taormina

Als „ewig Zweite“ unter den klassischen Arenen Siziliens gilt das Theater von Taormina, das immer im Schatten des Konkurrenten von Syrakus stand. Lässt man seine Ausmaße einmal außer Acht (109 Meter Durchmesser gegen die 138 Meter des Rivalen), dann übernimmt das antike Theater von Taormina jeden Sommer zumindest die Rolle eines ebenbürtigen Co-Protagonisten in dem reichhaltigen Angebot der Theater-, Kino-, Musik- und Tanzsaison. Die Aufgabe, solcherlei Aufführungen einen würdigen Rahmen zu verleihen, geht auf uralte Wurzeln zurück, denn das Theater wurde im 3. Jahrhundert v. Chr. von den Hellenen erbaut. Sie machten sich die natürlichen Gegebenheiten zunutze, indem sie die ursprüngliche Form des Berges ausnutzten und die Zuschauertribüne direkt in den Fels schlugen. Was wir aber heute am Rande des historischen Zentrums von Taormina besichtigen können, ist nicht nur eines der beliebtesten Touristenziele in der Sommersaison, sondern hat auch größere Ausmaße als das Originalbauwerk. Die Römer erweiterten das Theater mehrfach, indem sie die Spitze des Hügels abtrugen. Und der im 2. Jahrhundert vergrößerte Bau, der bis zu 1000 Menschen aufnehmen konnte, verzaubert noch heute die Zuschauer mit seiner perfekten Akustik und dem überwältigenden Blick auf den Ätna und die Küste, den man von hier genießen kann. Vom hellenistischen Urbau sind noch einige rechteckige Steinblöcke unter der Bühne sowie einige Inschriften auf den stufenweise angelegten Sitzplätzen erhalten. Die Tribüne bestand aus neun Stufenkeilen und verfügte über acht Vomitorien, die Zugangsstufen zu den jeweiligen Bereichen. Hinter der über dem Zuschauerraum verlaufenden Rückwand verlief ein doppelter Bogengang mit Überdachung, auf welcher wiederum zwei halbrunde Terrassen mit Holzbestuhlung für das weibliche Publikum eingerichtet waren. Das dritte bedeutende Element des antiken Theaters war der Orchesterraum, ein zentral gelegener Platz für den Chor. In der späteren Zeit des römischen Imperiums wurde er durch die Entfernung der ersten beiden Sitzreihen zu einer Arena umgewandelt, in welcher Gladiatorenkämpfe und die beim Publikum äußerst beliebten *Venationes*, Hetzen mit wilden Tieren, veranstaltet wurden.

Das Tal der Giganten

Agrigent

Der gigantische Atlant, der sich nur wenige Schritte entfernt vom Tempel des Olympischen Zeus auf dem Boden ausstreckt, scheint einer Illustration von *Gullivers Reisen* entsprungen zu sein. In Wirklichkeit handelt es sich jedoch dabei nur um die Kopie (das Original wird im archäologischen Museum von Agrigent aufbewahrt) einer der fast acht Meter hohen Männerfiguren, welche die Architrave eines der eindrucksvollsten heiligen Bauten des alten Griechenlands tragen sollten. Im Tempeltal des antiken Akragas, der während der griechischen Kolonisation im Jahr 582 v. Chr. gegründeten Stadt, fühlt man sich angesichts der archäologischen Zeugnisse tatsächlich wie ein Bewohner Liliputs. Vergisst man einmal die umliegenden Windkraftwerke und Bausünden des modernen Agrigent, wird verständlich, warum Pindar diesen Ort einst als „die schönste Stadt der Sterblichen" beschrieb. Die zwischen Agaven und Olivenbäumen liegenden Tempelruinen gehen auf die Blütezeit der Stadt zurück, als sie von dem Tyrannen Theron (488-472 v. Chr.) regiert wurde, dessen Grabstätte außerhalb der mittelalterlichen Stadtmauern liegt. Das am besten erhaltene Bauwerk ist der Concordia-Tempel, nach dem Parthenon von Athen das wichtigste erhaltene Zeugnis aus dorischer Zeit. Das von 38 Säulen getragene Gebäude verdankt seinen guten Erhaltungszustand der Tatsache, dass man es im Jahr 597 in eine christliche Basilika umwandelte. Weiter im Osten der Akropolis liegt der auf einem Felsvorsprung erbaute Juno-Tempel, von dem noch 20 Säulen erhalten sind, sowie der Herkules-Tempel. Dieser ist der älteste von Akragas (aus dem 6. Jahrhundert v. Chr.), von ihm sind lediglich acht Säulen erhalten, die man um 1820 wieder aufstellte. Westlich befindet sich in der Nähe des Jupiter-Tempels ein den Zeus-Söhnen Kastor und Polydeukes geweihtes Bauwerk. Von ihm sind gerade einmal vier Säulen erhalten, diese sind jedoch so schön, dass sie zum Symbol des ganzen Tempeltals wurden.

264 Vom Juno-Tempel (5. Jahrhundert v. Chr.), der bei den Griechen Hera-Tempel hiess, stehen noch 30 Säulen auf einem Felsvorsprung. Hier feierte man in der Antike die Hochzeitsfeste.

264-265 Der Concordia-Tempel wurde um 430 v. Chr. errichtet und im Jahr 597 von dem Bischof Gregorius in eine christliche Basilika umgewandelt.

266-267 Die Säulen des Concordia-Tempels waren mit weissem Stuck verziert, während die Giebel mit bunten Malereien geschmückt waren.

AUTOR DER TEXTE

FABRIZIA VILLA, journalistin, war über zwanzig Jahre für eines der führenden italienischen Reisemagazine tätig und schrieb über Wellness und Lifestyle. Nachdem sie fast die ganze Welt bereist hat, entdeckt sie nun auch Italien für sich, besonders ihre Heimatstadt Mailand, in der sie immer gelebt hat und die sie über alles liebt.

REGISTER

d = Bildunterschrift

FOTONACHWEIS

Seiten 2-3 Marcello Bertinetti/Archivio White Star
Seiten 4-5 Stevanzz/iStockphoto
Seiten 6-7 Frank Krahmer/Corbis
Seite 9 Archivio Scala, Firenze
Seiten 10-11 Araldo De Luca/Archivio White Star
Seiten 14-15 © De Agostini Libri S.p.A. - Area cartografia
Seiten 16-17 Giulio Veggi/Archivio White Star
Seiten 18-19 Araldo De Luca
Seite 22 Marcello Bertinetti/Archivio White Star
Seite 23 Paul Hardy/Corbis
Seite 24 Elio e Stefano Ciol
Seite 25 Elio e Stefano Ciol
Seiten 26-27 Inge Johnsson/Age Fotostock
Seite 27 Marcello Bertinetti/Archivio White Star
Seite 28 Marcello Bertinetti/Archivio White Star
Seiten 28-29 Marcello Bertinetti/Archivio White Star
Seiten 30-31 Cameraphoto/Archivio Scala, Firenze
Seite 31 Cameraphoto/Archivio Scala, Firenze
Seite 33 Marcello Bertinetti/Archivio White Star
Seiten 34-35 Giulio Veggi/Archivio White Star
Seite 35 G. Cigolini/De Agostini Picture Library
Seite 36 G. Cigolini/De Agostini Picture Library
Seiten 36-37 Marcello Bertinetti/Archivio White Star
Seite 38 Ghigo Roli/CuboImages
Seiten 38-39 Gisella Motta/CuboImages
Seiten 40-41 Matz Sjoberg/Age Fotostock
Seite 41 Marco Scataglini/Marka
Seiten 42-43 Antonio Attini/Archivio White Star
Seite 43 Alessandro Villa/Marka
Seite 44 G. Dagli Orti/De Agostini Picture Library
Seite 45 Francesco del Cossa/The Bridgeman Art Library/Getty Images
Seite 46 Vittorio Sciosia/Atlantide Phototravel/Corbis
Seite 47 U. Colnago/De Agostini Picture Library
Seite 48 oben Ivan Vdovin/Marka
Seite 48 unten Ivan Vdovin/Marka
Seite 49 A. De Gregorio/De Agostini Picture Library
Seiten 50-51 Antonio Attini/Archivio White Star
Seite 51 Pietro Scozzari/Age Fotostock
Seiten 52-53 Antonio Attini/Archivio White Star
Seite 53 Antonio Attini/Archivio White Star
Seiten 54-55 Joseph Sohm/Age Fotostock
Seite 56 Oleg Znamenskiy/123RF
Seite 57 Guido Alberto Rossi/Tips Images
Seiten 58-59 Ken Kaminesky/Corbis
Seite 59 oben Guido Cozzi/Atlantide Phototravel/Corbis
Seite 59 unten Gimmi/CuboImages
Seiten 60-61 Giulio Veggi/Archivio White Star
Seiten 62-63 Marcello Bertinetti/Archivio White Star
Seite 64 Funkystock/Marka
Seite 65 Sunny Celeste/Marka
Seiten 66-67 Antonio Attini/Archivio White Star
Seite 67 Guido Cozzi/Atlantide Phototravel
Seite 68 Simone Martini/Lessing Archive/Contrasto
Seite 69 A. De Gregorio/De Agostini Picture Library
Seite 70 Thierry Hennet/Flickr/GettyImages
Seite 71 Giulio Veggi/Archivio White Star
Seite 72 G. Dagli Orti/De Agostini Picture Library
Seite 73 Giuseppe Masci/Tips Images
Seite 74 Frank van den Bergh/iStockphoto
Seiten 74-75 José Antonio Moreno/Age Fotostock
Seite 76 G. Dagli Orti/De Agostini Picture Library
Seiten 76-77 De Agostini Picture Library
Seite 78 Sandra Raccanello/Corbis
Seiten 78-79 Antonio Attini/Archivio White Star
Seite 80 G. Dagli Orti/De Agostini Picture Library
Seite 81 S. Vannini/De Agostini Picture Library
Seite 82 Antonio Attini/Archivio White Star
Seite 83 Elio e Stefano Ciol
Seiten 84-85 Archivio Scala, Firenze
Seite 85 Archivio Scala, Firenze
Seiten 86-87 Antonio Attini/Archivio White Star
Seite 88 Wachala Jan/Age Fotostock
Seite 89 Brian Jannsen/Age Fotostock
Seite 90 Vito Arcomano/Marka
Seiten 90-91 Marcello Bertinetti/Archivio White Star
Seite 92 Marcello Bertinetti/Archivio White Star
Seite 93 SGM/Marka
Seiten 94-95 Alessandro Villa/Marka
Seite 95 Raimund Kutter/Imageb/Marka
Seite 96 Giulio Veggi/Archivio White Star
Seite 97 Marcello Libra/Archivio White Star
Seiten 98-99 Anne Conway/Archivio White Star
Seite 99 Anne Conway/Archivio White Star
Seiten 100-101 Marcello Libra/Archivio White Star
Seite 101 Anne Conway/Archivio White Star
Seiten 102-103 Antonio Attini/Archivio White Star
Seite 103 Marcello Bertinetti/Archivio White Star
Seite 104 Photoservice Electa/U/Marka
Seiten 104-105 Renata Sedmakova/Shutterstock
Seite 106 Antonio Attini/Archivio White Star
Seite 107 Riccardo Lombardo/CuboImages
Seite 110 Archivio Scala, Firenze
Seite 111 Archivio Scala, Firenze
Seite 112 Eightfish/The Image Bank/Getty Images
Seite 113 Giulio Veggi/Archivio White Star
Seite 114 G. Dagli Orti/De Agostini Picture Library
Seite 115 V. Pirozzi/De Agostini Picture Library
Seite 116 A. Dagli Orti/De Agostini Picture Library
Seite 118-119 A. Dagli Orti/De Agostini Picture Library
Seite 119 A. Dagli Orti/De Agostini Picture Library
Seite 120 Archivio Scala, Firenze
Seite 121 G. Nimatallah/De Agostini Picture Library
Seite 123 G. Nimatallah/De Agostini Picture Library
Seiten 124-125 G.Nimatallah/De Agostini Picture Library
Seiten 126-127 De Agostini Picture Library
Seiten 128-129 G. Cigolini/De Agostini Picture Library
Seiten 130-131 Fine Art Premium/Corbis
Seite 132 G.Nimatallah/De Agostini Picture Library
Seiten 134-135 Collezione Dagli Orti/The Art Archive
Seite 134 Araldo De Luca
Seite 135 Araldo De Luca
Seite 136 Araldo De Luca
Seite 137 Araldo De Luca
Seiten 138-139 Araldo De Luca
Seite 140 G. Dagli Orti/De Agostini Picture Library
Seite 141 G. Nimatallah/De Agostini Picture Library
Seiten 142-143 Foto Musei Vaticani/De Agostini Picture Library
Seiten 144-145 Musei Vaticani
Seite 146 Massimo Pizzotti/Age Fotostock
Seite 147 Marco Brivio/Age Fotostock
Seite 148 Archivio Scala, Firenze
Seite 149 Archivio Scala, Firenze
Seiten 150-151 Lessing Archive/Contrasto
Seiten 152-153 Araldo De Luca
Seiten 154-155 Veneranda Biblioteca Ambrosiana/De Agostini Picture Library
Seiten 156-157 F. Ferruzzi/De Agostini Picture Library
Seite 158 Araldo De Luca
Seite 159 Araldo De Luca
Seiten 160-161 K&B News
Seiten 164-165 Marcello Bertinetti/Archivio White Star
Seite 165 Luciano Ramires/Archivio White Star
Seiten 166-167 Luciano Ramires/Archivio White Star
Seite 167 Marcello Bertinetti/Archivio White Star
Seiten 168-169 Marcello Bertinetti/Archivio White Star
Seiten 170-171 Marcello Bertinetti/Archivio White Star
Seite 171 Giulio Veggi/Archivio White Star
Seiten 172-173 Marcello Bertinetti/Archivio White Star
Seite 174 S. Vannini/Corbis
Seiten 174-175 Stefano Ardito
Seiten 176-177 Marcello Bertinetti/Archivio White Star
Seite 177 Marcello Bertinetti/Archivio White Star
Seiten 178-179 U. Colnago/De Agostini Picture Library
Seiten 180-181 Kreder Katja/Age Fotostock
Seite 181 Antonio Attini/Archivio White Star
Seiten 182-183 Antonio Attini/Archivio White Star
Seite 183 G. Gnemmi/De Agostini Picture Library
Seiten 184-185 Antonio Attini/Archivio White Star
Seite 185 oben Hermes Images/Tips Images
Seite 185 unten Antonio Attini/Archivio White Star
Seiten 186-187 Antonio Attini/Archivio White Star
Seite 187 Antonio Attini/Archivio White Star
Seite 188 Antonio Attini/Archivio White Star
Seiten 188-189 Antonio Attini/Archivio White Star
Seiten 190-191 Giulio Veggi/Archivio White Star
Seiten 192-193 Antonio Attini/Archivio White Star
Seiten 194-195 Anne Conway/Archivio White Star
Seite 195 Marcello Bertinetti/Archivio White Star
Seiten 196-197 Antonio Attini/Archivio White Star
Seiten 198-199 Giulio Veggi/Archivio White Star
Seite 199 Westend61/Tips Images
Seiten 200-201 Giulio Veggi/Archivio White Star
Seite 202 Gardel Bertrand/Age Fotostock
Seiten 202-203 Claudio Giovanni Colombo/iStockphoto
Seiten 204-205 Hideo Kunhara/Alamy/Milestone Media
Seite 205 De Agostini Picture Library
Seite 206 Marcello Bertinetti/Archivio White Star
Seiten 206-207 Marcello Bertinetti/Archivio White Star
Seiten 208-209 Marcello Bertinetti/Archivio White Star
Seite 210 Marcello Bertinetti/Archivio White Star
Seite 211 Antonio Attini/Archivio White Star
Seite 212 Anne Conway/Archivio White Star
Seite 213 Giulio Veggi/Archivio White Star
Seite 214 oben Anne Conway/Archivio White Star
Seite 214 unten Giulio Veggi/Archivio White Star
Seiten 214-215 Marcello Bertinetti/Archivio White Star
Seite 216 Giulio Veggi/Archivio White Star
Seiten 216-217 Marcello Bertinetti/Archivio White Star
Seiten 218-219 Lianem/123RF
Seite 219 Alfio Garozzo/Archivio White Star
Seiten 220-221 Antonio Attini/Archivio White Star
Seite 222 Ludovic Maisant/Hemis/Corbis
Seiten 222-223 Funkystock/Marka
Seiten 224-225 Antonio Attini/Archivio White Star
Seiten 226-227 Giulio Veggi/Archivio White Star
Seite 228 oben Giulio Veggi/Archivio White Star
Seite 228 unten Giulio Veggi/Archivio White Star
Seiten 228-229 Philippe Michel/Age Fotostock
Seite 230 Giulio Veggi/Archivio White Star
Seiten 230-231 easyFotostock/Age Fotostock
Seite 234 Massimo Pizzotti/Marka
Seiten 234-235 Antonio Attini/Archivio White Star
Seite 236 A. De Gregorio/De Agostini Picture Library
Seite 237 Antonio Attini/Archivio White Star
Seiten 238-239 A. Dagli Orti/De Agostini Picture Library
Seite 239 A. De Gregorio/De Agostini Picture Library
Seiten 240-241 Alfredo Dagli Orti/The Art Archive
Seite 241 Stefan Auth/Imagebrok/Age Fotostock
Seiten 242-243 Marcello Bertinetti/Archivio White Star
Seite 243 Marcello Bertinetti/Archivio White Star
Seite 244 Giulio Veggi/Archivio White Star
Seiten 244-245 Marcello Bertinetti/Archivio White Star
Seite 246 Raimund Kutter/Age Fotostock
Seite 247 Raimund Kutter/Age Fotostock
Seite 248 Marcello Bertinetti/Archivio White Star
Seiten 248-249 Marcello Bertinetti/Archivio White Star
Seiten 250-251 Marcello Bertinetti/Archivio White Star
Seite 251 Marcello Bertinetti/Archivio White Star
Seiten 252-253 Antonio Attini/Archivio White Star
Seite 253 Antonio Attini/Archivio White Star
Seiten 254-255 Araldo De Luca/Archivio White
Seite 255 Araldo De Luca/Archivio White
Seite 256 Marcello Bertinetti/Archivio White Star
Seiten 256-257 Marcello Bertinetti/Archivio White Star
Seite 258 A. De Gregorio/De Agostini Picture Library
Seiten 258-259 A. De Gregorio/De Agostini Picture Library
Seite 260 Araldo De Luca
Seite 261 Araldo De Luca
Seiten 262-263 Antonio Attini/Archivio White Star
Seite 263 Giulio Veggi/Archivio White Star
Seite 264 Валерий Военный/iStockphoto
Seiten 264-265 Antonio Attini/Archivio White Star
Seiten 266-267 Alfio Garozzo/Archivio White Star

Titelbild:
Trevi-Brunnen, Rom. © Araldo De Luca

Umschlagrückseite:
Detail des Gemäldes Der Frühling von Sandro Botticelli, Uffizien, Florenz.
© G. Nimatallah/De Agostini Picture Library

WS White Star Verlag®
ist eine eingetragene Marke von De Agostini Libri S.p.A.

Via G. da Verrazano, 15
28100 Novara, Italien
www.whitestar.it - www.deagostini.it

Übersetzung: Adriana Enslin
Producing: Christina Neiske

ISBN 978-88-6312-169-8
1 2 3 4 5 6 17 16 15 14 13

Gedruckt in China